高亚平　周梦　纪倩　徐晶／著

灵活用工平台之监管重点与高阶合规

SUPERVISION OF PRIMARY TARGET AND
ADVANCED COMPLIANCE ON
GIG ECONOMY PLATFORMS

法律出版社
LAW PRESS · CHINA
—北京—

图书在版编目(CIP)数据

灵活用工平台之监管重点与高阶合规 / 高亚平等著. -- 北京 : 法律出版社, 2024
ISBN 978-7-5197-8865-0

Ⅰ. ①灵… Ⅱ. ①高… Ⅲ. ①用工制度 Ⅳ. ①F241.32

中国国家版本馆 CIP 数据核字(2024)第 037768 号

灵活用工平台之监管重点与高阶合规
LINGHUO YONGGONG PINGTAI ZHI JIANGUAN ZHONGDIAN YU GAOJIE HEGUI

高亚平 周 梦 纪 倩 徐 晶 著

责任编辑 陶玉霞
装帧设计 鲍龙卉

出版发行 法律出版社
编辑统筹 法规出版分社
责任校对 张红蕊
责任印制 耿润瑜
经　　销 新华书店

开本 710 毫米×1000 毫米 1/16
印张 13 **字数** 200 千
版本 2024 年 4 月第 1 版
印次 2024 年 4 月第 1 次印刷
印刷 固安华明印业有限公司

地址:北京市丰台区莲花池西里 7 号(100073)
网址:www.lawpress.com.cn
投稿邮箱:info@lawpress.com.cn
举报盗版邮箱:jbwq@lawpress.com.cn
销售电话:010-83938349
客服电话:010-83938350
咨询电话:010-63939796

书号:ISBN 978-7-5197-8865-0
定价:45.00 元

序　言

“徐而察之，则山下皆石穴罅，不知其浅深，微波入焉，涵澹澎湃而为此也。”

——苏轼《石钟山记》

此句，阐释灵工生态现状：

1. 山下皆石穴罅，怪石林立，险象环生。

2. 不知深浅，风险不可探查。

3. 微波入，而澎湃出，生态泛，收益丰，且回响浩大。

引出，本书的价值：

1. 更深层次发现和解析灵工平台面临的合规问题；

2. 探查和铺设灵工平台的发展路径；

3. 构建灵工平台合规知识体系；

4. 好用、实用的工具书。

书的由来

1. 第一要务。创新领域，合规维度，实践者最关心什么？如果记录我们经常被问到的问题，排名第一的，一定是监管的重点在哪里？紧接着，第二个问题是，如何以规范的处理方式达到监管的要求？

因此，我们把书名和书的结构重点落在“监管重点”与“高阶合规”这两个维度上。

2. 沉淀的知识。我们在 2021 年出版了第一本法律视角下的灵工平台合规著作《灵活用工平台的合规之路》,书中阐释了灵工平台基本的总包商业模式,以及在这种模式下现实业务开展过程中面临的合规压力和系统性风险,提出了一些初步解决思路并分析了典型行业的特殊案例。

两年多的时间,灵工行业飞速壮大,从最初的互联网生态和出行领域迅速向劳动力市场渗透。在《灵活用工平台的合规之路》一书中提示的风险逐一呈现,不论是税务稽查面临的虚开增值税专用发票问题,灵工人员收入定性问题,还是增值税补税问题,等等。

3. 书的写作过程。灵工平台在高速发展过程中,充分“见识”到监管针对以“结算”为核心模式所施加的重力和压力,进而不得不寻求更加健康和科学的发展模式,并积极探索高阶合规的路径。

继第一本书之后,我们在灵工这个领域继续深耕,陆续撰写了30多篇合规文章,每一篇的背后基本都有相应的典型案例作为支撑。我们把这些在灵工项目中发现的合规问题进行文字化梳理,在把问题分析清楚的同时凝练出最佳的合规实践。

因此第二本书与第一本书的写作思路和创作过程一致,并非一蹴而就,而是渐进式展开,通过无数个实践案例总结梳理,以客户的需求作为写作的根本推动力,系统化构建灵工领域知识体系。

灵魂问题:灵工平台是否“在结难逃”?

大部分灵工平台把自身定位于“结算”功能,把平台视为“薅税收羊毛”的商业模式。也道出了行业如此之卷的根本道理,大家拼的不是以人为本的灵工服务,而是异化成为甲方发放资金的结算“通道”,这无异于是一种金融业务在“无牌照”领域,结合税收功能的整合营销业务。

因此,灵工结算的根本合规问题,在于解决谁来“结算”,怎么“结算”的问题。核心是不应该在甲方的商业闭环中硬生生把结算功能单独列出来使其成为一个独立的交易过程。单结算本身无法构成一个商业闭环,只是一个单一功能,自然与基于商业交易闭环所对应的四流合一相互冲突。

破局之道:各归各位

业务闭环的最后一道工序是结算,本书基于一系列围绕灵工平台“结算”服务下的监管重点展开,层层递进分析由此演化出的法律合规问题。

所以业务闭环做完整的前提下,结算功能必须收回来,除非把结算还原为利用支付牌照的通道业务。

因此,我们认为破局之道的核心,在于灵工平台应将“结算”服务作为技术服务能力的一种,将服务归位到服务本质。

正如我们预判的,在灵工生态中,出于合规监管对于“结算”的各种压力,甲方一定会亲自下场参与到这场饕餮盛宴中。

复杂生态:合规体系构建,有多困难?

灵工合规知识体系构建,是一幅“富春山居图”。

我们可以踩着风险前行,人类社会的进步,冒险精神是驱动力,但是我们不能不知道风险在哪里,识别风险和认知风险,并评估风险等级,才是适当承受风险的前提。

对于灵工平台从业者而言,无论是业务端还是风控端,如果没有完整的灵工合规知识体系,很难驾驭复杂业务带来的综合的系统性风险,法律端知识领域叠加,包含了互联网平台合规、税法合规、劳动法合规、数据合规、刑事合规等领域,足以让很多专业律师望而却步,更何况内部法务和风控人员。

我们是谁:为什么我们可以?

能在灵工领域持续深耕真正合规问题,除了需要上述综合知识结构的“复合”能力之外,对领域/行业的垂直纵深的理解是“解码器”:我们于2017年进入灵工生态合规服务领域,一开始服务灵工平台的需求方(甲方),慢慢拓展到服务灵工平台本身,再到服务平台上的重要服务机构,包括结算支付服务商等,再到平台服务落地的税务部门、市场监管部门、园区等政府机构和监管部门。

我们为灵工生态中各个层级、各个维度的各个角色提供深度服务,熟稔各种商业模式和“游戏”规则，甚至在满足各参与方商业诉求的同时，引导其更加合规地投入游戏规则的建设中。在本书第六章中，我们以不同参与方的视角分别论述合规问题，读者能窥见生态复杂度，同时深刻体会行业闭环服务的重要性。

灵工模式：为何会出现新的变化？

随着大甲方的入场，灵工出现三种很典型的发展态势，我们称之为新模式。这三种新模式改变了灵工平台原有参与方的格局，这种改变的本质原因在我们《灵活用工平台的合规之路》一书中，已经阐述得十分清晰，原有的模式存在根深蒂固无法破解的以“结算”为核心功能的合规问题，由此衍生包括虚开专票问题、财政奖励穿透问题、业务真实性问题等一系列被视为在灵工平台总包模式下的法律困境。

本书在《灵活用工平台的合规之路》基础上进一步拆解了深层次的合规问题。在第四、五、六三章中，尤其是第六章中详细论述了合规的六点主要问题，包括“白条入账”“账户冻结”“增值税补缴”“拆分工资”等问题及解决思路。

“穷则变，变则通。”

新的模式：究竟长什么样？

三种新模式，分别在灵工领域的三个参与方角色“重置”中呈现，形成新的生态组合。原来模式的业务链条：甲方——灵工平台——园区——政府。现在的模式呈现以下三种形态：

模式1：甲方（灵工平台）——园区——政府

阐释：甲方直接作为园区入驻的平台对接政府，而灵工平台在中间作为甲方的技术服务商的角色，支撑甲方完成平台建设，业务发包等原灵工平台总包模式下一系列相似动作，但本质区别是，甲方是作为灵工平台的自建方完成业务的发包。

模式2:甲方——园区(灵工平台)——政府

阐释:甲方直接作为园区入驻的平台对接政府,这与新模式1基本一致,模式2的差异在于,灵工平台的角色体现为园区技术服务商的角色,意味着园区承担了甲方入局的全部技术服务平台建设功能,让甲方一站式“拎包入住”。

模式3:甲方——园区——政府(灵工平台)

阐释:在本模式中,依旧是甲方、园区和政府三端构成灵工平台生态基本结构,但原来的灵工平台出现在政府端,作为政府的技术服务商,为园区提供一站式技术支持服务,这种服务包括在市场监管、税务、人力资源和社会保障等公共服务职能维度,通过对接园区,为甲方以及灵工人员提供一站式政府端服务。

从上述三种模式的结构变化中,我们发现灵工平台在原有的服务链条中的位置发生了改变,虽然服务内容本身并没有太多的变化,但是与灵工生态中各参与方的法律关系发生了实质性改变。这种改变带来了一系列的合规“利好”。灵工平台从原来的总包模式变成了技术服务平台。

本书结构:“三步上篮”

本书分三个部分讲述了上述趋势产生的根本原因,同时,解析灵工平台高阶合规的实施路径和资本之路的选择方式。

第一部分(明确目标):从灵工平台的监管重点和风控模型维度出发,解构大甲方入局的生态布局以及风控模型设计。

第二部分(拆解动作):从一桩补税案例出发,通过专题形式分析灵工平台面临的所有核心风险,逐个击破。

第三部分(扣篮):落脚到高阶合规的实现路径上,通过最贴合的认证体系的选择性实践,贯穿业务生命周期,最终踏上资本之途。

具体框架:主线清晰,重点突出

从当下的监管维度出发,直接展现出风控的框架,紧接着再用案例来阐述面临的主要法律冲突点和核心的合规风险,单就第六章的风险专题,我们就罗列了13个风险大点,最后我们用高阶合规来总结回应。

第一部分:灵工平台的监管重点及风控模型

以灵工平台的监管思路和重点问题作为切入点,以实践中灵工平台原本作为乙方服务机构的模式转变为甲方直接下场搭建灵工平台构建行业服务生态的模式,梳理出基于这种转变需要构建的全新的风控模型。

第一章:新趋势下,灵工平台监管的思路与核心要点

第二章:新趋势下,甲方入局灵工生态的布局

第三章:甲方入局灵工平台,风控模型如何搭建

第二部分:案例与风险专题

大额的补税案例作为本书第二部分的起点,引出行业目前面临的整体核心风险,从政府监管侧、甲方侧、灵工人员侧、平台服务商侧以及灵工平台自身侧五个维度和视角分别用专题的形式分模块分析风险。同时针对最大监管风险的税务稽查问题,专门梳理了合规的配合应对方案。

第四章:大额补税案例:合规问题"两面观"

第五章:税务稽查和虚开专票专题

第六章:灵工平台风险专题(14个风险项)

第三部分:高阶合规方案

在税务监管环境中,灵工平台如何能够利用国际最佳实践的高阶合规管理体系铸造自身的保护体系?如何利用ISO 37301的高阶管理体系认证作为契机为灵工平台打造专属"保护罩"?甚至在敏感个人信息处理的风险高发地,如何配置数据合规保护管理体系,最终满足上市的合规需求?这一系列问题在

本书最后三章中，将被逐一破解。

第七章：ISO 37301 如何为灵工平台刑事合规赋能

第八章：灵工平台数据合规解决方案

第九章：灵工平台上市路径规划

目 录

第一部分

灵工平台的监管重点及风控模型

第一章　新趋势下，灵工平台监管的思路与核心要点：灵工平台监管123和应对方略54321

【结构概览】

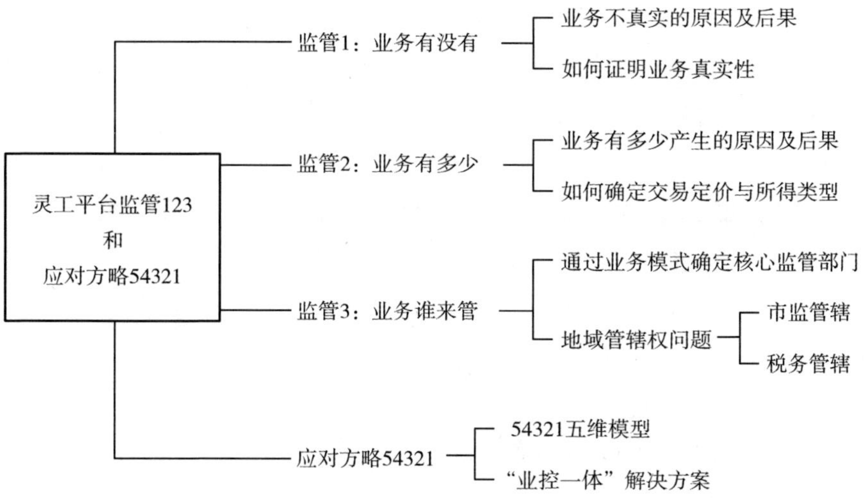

图1　《灵工平台监管123和应对方略54321》文章结构图

灵工平台的发展与监管并行。监管部门在对待灵活用工这一新生事物上，一方面，通过给予灵活就业人员社保补贴、推动开放社会保险限制、给予个体户税收优惠政策、逐步放开集群注册试点等方式鼓励、支持、引导灵工平台健康发展；另一方面，关注到了灵工行业"暗流汹涌"，通过"重拳出击"监管行动对灵工行业的快速发展形成合规制约：

2021年6月，山东青岛某灵活用工财税平台由于涉嫌虚开发票被威海公安机关查处；

2021 年 9 月,美团、饿了么在接受人力资源和社会保障部等四部门行业指导后,发布声明“严禁诱导和强迫骑手注册成个体工商户”;

2021 年 10 月,天津市税务局表示其与滴滴出行科技有限公司之间并未建立过委托代征关系;

2022 年 6 月,“顺利办”披露旗下全资孙公司在开展灵活用工业务中,未能依法从灵活用工人员处取得合法的企业所得税税前扣除凭证被稽查;

2022 年 11 月,“分工宝”因在没有真实经营业务的情况下对外虚开增值税专用发票被稽查。

灵工平台“蒙眼狂奔”时代已经过去,强监管时代已经到来。面对趋严监管态势,多头监管部门针对监管重点及规律,总结“监管 123”,以促使灵工平台积极拥抱监管,合规稳健发展。

一、平台监管 1:灵工业务真实性有没有?

税务机关等政府监管部门关注的核心问题就是业务真实性,即灵活用工场景下的业务是否实际发生?业务实质内容与合同流、信息流、发票流是否一致?

(一)业务不真实的原因及后果是什么?

以灵工平台总包模式为例,一般情况下,灵工平台应当从用工需求方处总包某个项目,再将该项目分解成各个具体任务分包给平台中的灵工人员,待用工需求方验收项目成果并支付总包服务费后,向其开具增值税发票。

但实践中,部分灵工平台仅具备结算功能,并未坐实业务承揽法律关系,无审核用工需求方是否具备真实灵工场景的风控能力,即根据表面上的业务总包关系向用工需求方、灵工人员结算并开具增值税发票。在此种情形下,由于无真实的业务,灵工平台可能由于“为他人虚开”而构成虚开发票行为,将面临被税务机关没收违法所得、罚款等行政责任,构成犯罪的,将面临最高刑为无期徒刑的刑罚。

除虚开发票外，根据用工需求方及灵工平台的主观要件、客观行为等要素，亦有构成洗钱罪、逃税罪的可能。

（二）如何证明业务真实性？

业务真实性不仅是监管部门的关注点，坐实业务承揽实质，也有利于构建健康的灵工行业生态，驱动行业合规长远发展。因此，灵工平台更应做好业务真实性核查及证据留存工作，我们特总结出“业务真实性之冰山形态”。

1. 冰上形式合规：四流一致，并在平台中留存业务证据链条。

合同流：根据用工需求方、灵工平台、灵工人员的三方法律关系，对应合规签署相关的项目总包、转包合同文本；

业务流：根据业务流程，留存发起、履行、完成、验收确认项目全流程的证据；

资金流：确保资金账户、资金流转、转款金额与业务相一致；

发票流：根据业务与资金流转的实际情况，对应合规开具增值税发票。

2. 冰下实质合规：明确业务动机与业务场景。

业务动机：业务动机是违法犯罪的主观构成，要明确开展灵工业务的初衷，做好对于部分易违规（如医药、建筑施工等）却流水可观的行业取舍。

业务场景：灵活用工的底层法律关系是承揽关系，灵工平台应准确识别法定劳动关系（如房地产经纪、保险经纪行业）、需要特殊资质行业等不符合灵工关系场景的业务，做好取舍。

二、平台监管2：灵工业务的价值有多少？

业务真实性问题明确之后，迎来了监管部门的第二个关注要点：业务的实际定价是否合理（虚列成本）、个人所得税中申报的所得类型是否合规，即“业务有多少”的问题。

(一)“业务有多少”问题产生的原因及后果有哪些?

虚列成本:在实践中,存在部分用工需求方与灵工人员合谋,其支出的承揽服务费价格高于市场公允价值或与一般商业逻辑不符,而多出来的价款,往往又会回流到用工需求方账户中的现象。

所得类型:在劳动或劳务关系下,个人的工资薪金所得、劳务报酬所得需要按照3% ~45%的超额累进税率缴税;而经营所得适用5% ~35%的超额累进税率,且部分地区存在经营所得的核定征收政策,经营所得类型下实际缴纳的个税将往往低于工资薪金及劳务报酬所得类型,因而存在转变所得类型的动机。

若相关主体被认定具有虚列成本、申报所得类型与实际不符等行为,将有可能构成虚假的纳税申报行为,构成偷逃税,将由税务机关追缴其不缴或者少缴的税款、滞纳金,并处不缴或者少缴的税款50%以上5倍以下的罚款;构成犯罪的,依法追究刑事责任。

(二)如何确定交易定价与所得类型?

交易定价确定:交易定价的真实性亦是业务真实性问题的一部分,可通过“冰山模型”做好核查,此外,灵工平台亦可通过设置验收标准、结算标准、定期抽查等方式加大核查力度并留存好底稿文件,以降低平台责任。

所得类型的区分:该种区分主要在于劳务报酬与经营所得的区分,其核心区别点在于劳务行为对应的交付物是劳务,而经营行为对应的交付物是成果。可通过是否作为合同签署与对外履约主体、是否需要承担经营风险自负盈亏、是否承担服务质量责任并作为发票开具主体三点进行区分。

三、平台监管3:灵工业务究竟谁来管?

业务谁来管的问题分为两个维度:第一个维度是确定监管部门是谁?第二

个维度是确定由谁行使地域管辖权?

(一)能否通过业务模式确定核心监管部门?

总包模式下的灵工平台,一般会划分为个体工商户模式、委托代征模式、临时税务登记模式来解决灵工人员的税务问题。

个体工商户模式由市场监管部门核心主管。在灵工业务场景个体户模式下,灵工平台需要大量注册个体户,且大部分为异地经营、行为发生地在异地,就需要与当地市场监管部门协商,打开集群注册接口,并确定异地经营的管辖权问题。

委托代征模式由税务部门核心主管。委托代征模式下,核心是灵工平台通过取得税务部门颁发的委托代征证书与协议来代征零星分散和异地缴纳自然人税款,由税务部门确定代征的税种、权限、范围等。

临时税务登记模式亦是由税务部门核心主管。即无照户纳税人申请办理税务登记后,税务部门可以核发临时税务登记证,并限量供应发票。一般税务部门会对临时税务登记数量、时间期限进行限制。

此外,灵工人员与灵工平台、用工需求方的关系认定问题、社保问题等方面,一般是由人力资源和社会保障部门主管。

(二)地域管辖权问题的复杂性

确定核心监管部门之后,还需确定由哪个地域的监管部门主管问题,即地域管辖权的划分。然而灵工平台属于互联网企业,业务成果线上线下交付不一、主体所在地与传统行业有所区别,地域管辖问题较难解决。

市场监管管辖。对于个体工商户,在灵工行业个体户模式中,灵工人员一般为网络经营主体,采用线上接单结算、线上或线下交付的形式,属于国家市场监管总局发布的《网络交易监督管理办法》第 9 条规定的情形:仅通过网络开展经营活动的平台内经营者申请登记为个体工商户的,可以将网络经营场所登记为经营场所、将经常居住地登记为住所,其住所所在地的市场监督管理部门为其登记机关。但对于何谓“仅通过网络开展经营活动”并无细化解释，各地认定不一，地域管辖仍需灵工平台与市场监管部门沟通协商，方可明晰监管口径。

税务管辖。税务管辖基本遵循生产、经营所在地主管税务部门管辖的原则。而在灵工行业中，一方面，存在注册于某落地园区的灵工平台是否有权代征分散于全国各地的灵工人员税款的问题，该问题可通过《委托代征协议》与《委托代征证书》中明确代征范围缓解；另一方面，存在双重管辖权的问题。如注册于 A 园区的灵工平台，通过委托代征/临时税务登记等方式代征实际经营于 B 地的灵工人员的税款，而由于灵工人员实际经营地为 B 地，B 地主管税务机关亦有权征收其税款。

四、监管应对的同花顺方略：风控模型 54321

通过上述分析，对于灵工平台的监管趋势，我们认为：监管部门核心关注的是业务真实性，判定业务有没有真实发生的问题；其次关注的是业务交易定价及所得类型，判定业务有多少的问题，最后便是确定监管主体与地域管辖权划分问题。

即便确定了监管 123 核心重点问题，我们仍可发现，灵工平台的监管政策尚不明朗，合规路漫漫。我们在本书第三章中提出灵工平台面临“九重塔”的合规风险，并针对这九重风险提出了“54321——五维模型”风控措施，通过 15 个控制点组合成 15 分制（每个控制点 1 分）来构成灵工平台的风控识别要点，并提出“业控一体”解决方案，以助力灵工平台积极拥抱监管，合规稳健运营。

第二章 新趋势下,甲方入局灵工生态的布局:大甲方入局灵工生态,如何渡劫取"真经"

监管之下,定有新生。

得益于灵活用工模式在降低企业用工成本、实现高效的供需对接方面的价值,让一部分人先"灵活起来"的用工模式已经逐渐成为企业的"标配"选项。"大甲方"企业(如大型集团公司、国央企、互联网平台)的灵工业务具备独特的需求优势、政府资源优势、技术能力优势及雄厚资金优势,纷纷入局灵活用工赛道,大势所趋。

大甲方入场灵工(本书中指广义上的大甲方入场灵工,包括与灵工平台合作模式与自建灵工平台模式),核心需求点在哪里?不同入场姿势下风险点有何不同?又有什么风险应对之策?本章承接第一章监管的核心内容,我们将深入剖析大甲方实际需求,明晰合规解法,首次提出"五维模型",助力其灵工业务"更上一层楼"。

通过大甲方入局模式的困惑,将本书关注的重点内容做提纲挈领的梳理,每一要点,将在后续篇章具体展开。

一、入局灵工平台,大甲方最需要什么?

我们通过分析大甲方发布的招投标需求,以及公开渠道检索的大甲方入局灵活用工业务信息,分析出甲方入场灵工主要有合作灵工和自建灵工两种模式。

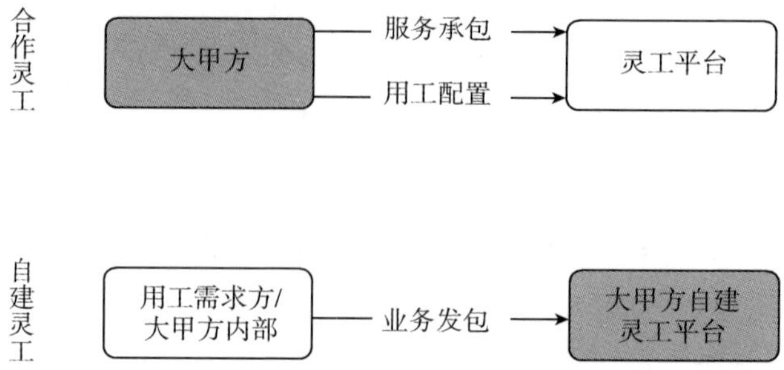

图2　大甲方合作灵工、自建灵工示意图

(一)合作灵工

由于国央企、大型集团公司等大甲方企业一般会通过招标方式进行服务项目采购,我们以招投标的视角切入,发现在合作灵工项下,大甲方的需求主要有服务承包型和用工配置型两种:

1. 服务承包型。

主要指大甲方与灵工平台就甲方某一具体业务、项目进行合作,大甲方将业务总包给灵工平台,灵工平台匹配、众包给自由职业者,并将业务成果交付甲方。如中移铁通有限公司黑龙江分公司具有发包销售、维护、工程等业务需求、山东高速信联科技股份有限公司具有发包 ETC 业务推广的需求等。

2. 用工配置型。

主要指大甲方选择合适灵工平台,根据甲方实际用工需求,匹配不同用工场景,提供劳务派遣、劳务外包、灵活用工服务等。如中煤科工集团沈阳设计研究院有限公司,其曾发布的招标采购需求就是针对管理人员、勘察设计人员、其他现场服务人员等岗位购买劳务派遣、劳务外包、灵活用工服务。

表1　大甲方合作灵工示例表

序号	采购方名称	采购标的	招标日期	采购需求
一	服务承包型			
1-1	北京京能能源技术研究有限责任公司	灵活用工平台服务	2023年8月2日	提供灵活用工平台服务。 要求投标人拥有税务机关核发的委托代征证书且在有效期内;业绩要求自2020年1月1日至投标截止日期具有类似本标服务业绩2项。
1-2	中移铁通有限公司黑龙江分公司	灵活用工平台服务采购项目	2022年12月13日	灵活用工平台服务商提供服务的范围包括但不限于销售业务、维护业务、工程业务服务等。具体采购需求如下: 1.具备服务方办理注册、变更和注销个体经营手续的功能,确保服务方以合法合规的身份(如个体经营者或等同身份)开展业务。 2.具备业务规则设置、发布工作任务、业务确认、统计、代开代缴票税、结算数据计算、审核等应用功能。 3.具备综合管理功能,如人员统一代购团体意外保险等。
1-3	山东高速信联科技股份有限公司	灵活用工服务商采购项目	2021年12月8日	山东高速信联科技股份有限公司为推广现有产品(包括但不限于ETC业务产品、洗车业务产品、保险业务产品等),拟将推广业务外包。拟选聘灵活用工服务商为信联公司推广上述业务。
二	用工配置型			
2-1	中煤科工集团沈阳设计研究院有限公司	灵活用工服务	2022年10月31日	保证公司各部门生产经营工作需要,针对管理人员、勘察设计人员、其他现场服务人员等岗位购买劳务派遣、劳务外包、灵活用工服务。

(二)自建灵工

对于自身具有海量灵活用工业务需求的大甲方企业,或许出于业务连续性、保密性等维度考虑,亦开始围绕自身业务需求自建灵工平台,如阿里集团体系下的阿里众包、步步高集团的小步乐业及招商银行的小招灵工等,具体整理如表2所示。

表2 大甲方自建灵工示例表

序号	公司	平台名称	平台功能
1	阿里	阿里众包	阿里众包基于众包的模式,提供的服务范围如下: 1. 提供类型丰富的认证服务; 2. 为业务需求方提供个性化解决方案; 3. 和淘宝主搜、天猫、支付宝和喵街等业务方展开了深入合作,推出了云客服、淘宝找茬等服务。
2	步步高	小步乐业	小步乐业平台主要是围绕商超运营工作发布相关兼职任务,如生鲜理货、物流配送等。
3	招商银行	小招灵工	"小招灵工"面向全国分行为全国客户提供基于"灵活用工"场景下的各种数字化用工整体解决方案的产品。聚合共享经营平台、涉税结算平台等资源,为企业客户提供满足行业合规、税务监管合规、劳动用工合规的企业共享经营和项目承包经营场景。解决企业的外包服务在记录、计量、分配、结算、登记、完税等方面的一系列需求。

二、不同入场姿势,大甲方风险几何?

基于上述大甲方发布灵工平台形态,主要聚焦于合作与自建两种方式,但是无论表面有多大的差异,业务本质上都依赖服务于灵工平台的平台风控和运营能力。因此,我们需要重新梳理灵工平台的核心风险,再行分析不同模式下甲方所面临的实质风险。

(一)灵工平台的典型风险

结合第一章监管重点分析,对应到具体的大甲方灵工场景,核心有以下五种风险(更多具体风险专题分析在本书第二部分:案例与风险专题):

1. 业务真实性存疑导致的虚开发票风险。

税务机关最关注的就是业务真实性问题,即灵活用工场景下的业务是否实际发生?业务实质内容与合同流、信息流、发票流是否一致?一般而言,灵工平台应就其总包业务模式向甲方开具增值税专用发票,可实践中,部分灵工平台仅具备结算功能,未坐实实际上的业务承揽法律关系,无审核是否具备真实灵工场景的风控能力。在此种情形下,由于无真实的业务,灵工平台和甲方均可能由于"为他人虚开""让他人为自己开具"而构成虚开发票行为,将面临被税务机关没收违法所得、罚款等行政责任,构成犯罪的,将面临最高刑为无期徒刑的刑罚。

2. 所得类型存疑导致的偷逃税风险。

这一风险核心在于劳务报酬与经营所得的区分(本书第二部分第四章的大额补税案例中有充分解析)。在劳务关系下,个人劳务报酬所得需要按照3% ~45%的超额累进税率缴税;而经营所得适用5% ~35%的超额累进税率,且部分地区存在经营所得的核定征收政策,经营所得类型下实际缴纳的个税将往往低于劳务报酬所得类型。

而实践中区分所得类型却并非易事,若灵工平台对自由职业者所得类型区分不清导致构成偷逃税的,除面临追缴罚款、滞纳金等行政处罚外[①],还可能构

---

① 《税收征收管理法》第63条 纳税人伪造、变造、隐匿、擅自销毁帐簿、记帐凭证,或者在帐簿上多列支出或者不列、少列收入,或者经税务机关通知申报而拒不申报或者进行虚假的纳税申报,不缴或者少缴应纳税款的,是偷税。对纳税人偷税的,由税务机关追缴其不缴或者少缴的税款、滞纳金,并处不缴或者少缴的税款百分之五十以上五倍以下的罚款;构成犯罪的,依法追究刑事责任。

扣缴义务人采取前款所列手段,不缴或者少缴已扣、已收税款,由税务机关追缴其不缴或者少缴的税款、滞纳金,并处不缴或者少缴的税款百分之五十以上五倍以下的罚款;构成犯罪的,依法追究刑事责任。

成逃税罪[①]，将视情节轻重面临处3年以下有期徒刑或者拘役、处3年以上7年以下有期徒刑等刑罚。本书第六章中“劳务报酬所得与经营所得的模糊边界”部分，对如何区分劳务报酬和经营所得作了透彻分析。

3. 事实劳动关系认定导致的劳动争议风险。

灵活用工关系实际上是在甲方与灵工平台间、灵工平台与自由职业者间建立起两两的合作关系。然而，由于部分灵工平台/甲方对于自由职业者的管理模式未加变更，仍旧沿用此前劳动关系项下管理方式，在司法实践中对于灵工模式下灵工平台/甲方与自由职业者之间的性质认定存在很大争议，部分法院认为二者之间为平等合作关系，部分法院认为构成事实劳动关系。如被认定为事实劳动关系，除需承担用人单位的经济补偿等责任义务外，还可能会彻底否定灵工商业逻辑，灵工平台无向甲方开票的依据，构成虚开专票风险。本书第六章灵工平台风险专题“事实劳动关系挑战灵工法律关系”部分，用161起典型案例重塑事实劳动关系对灵工模式的实际挑战。

4. 地方财政政策不稳定导致的财政给付的稳定性风险。

为激励灵工平台在促进个体经济、就业机会、税收贡献等方面发挥能动性，地方园区政府部门往往会与其签订相关的财政扶持协议，对其实行奖励。实际上，地方财政扶持收入占灵工平台收入很大的比例。

财政奖励“成也萧何，败也萧何”。它是灵工平台商业模式的源动力，成为大部分以“结算”为核心的灵工平台的主要收入来源。与此同时，亦成为限制和阻碍平台合规发展和资本跨域的主要原因。

5. 敏感个人信息处理违规导致的数据安全风险。

《个人信息保护法》的一大显著特点就是处罚严厉，而灵工平台作为个人信息处理者的典型代表，在运营过程中会涉及大量自由职业者的个人信息（包

---

① 《刑法》第201条第1、2款 【逃税罪】纳税人采取欺骗、隐瞒手段进行虚假纳税申报或者不申报，逃避缴纳税款数额较大并且占应纳税额百分之十以上的，处三年以下有期徒刑或者拘役，并处罚金；数额巨大并且占应纳税额百分之三十以上的，处三年以上七年以下有期徒刑，并处罚金。

扣缴义务人采取前款所列手段，不缴或者少缴已扣、已收税款，数额较大的，依照前款的规定处罚。

括身份证、人脸识别数据等敏感个人信息),在这种情况下,若个人信息处理违规,将面临5000万元或全年营业额5%的处罚,无疑会给其带来强烈冲击。

数据合规是下一个显著的平台风险敞口,通过本书第三部分第八章灵工平台数据合规解决方案的分析,对于数据合规有更多维度的认知,将有助于数据产品的形成,真正赋能灵工行业的同时,形成数据资产,迎接2024年“数据资产入表”元年(财政部印发的《企业数据资源相关会计处理暂行规定》于2024年1月1日实施,明确企业数据资源可以作为资产确认的路径)。

(二)大甲方不同入场模式下风险差异

灵工行业的典型风险难以完全规避,对于采用不同入场模式的大甲方而言,其面临的风险亦不相同:

1. 大甲方合作灵工模式下风险分析。

合作灵工模式对于大甲方而言,最大的优势在于轻运营,然而若合作灵工平台选取不慎,其可能构成的虚开发票、偷逃税、事实劳动关系认定等风险都可能影响甲方,大甲方面临灵工平台风险穿透问题及业务稳定性问题。

(1)风险穿透:我们以最典型的虚开发票风险为例,根据《发票管理办法》的规定,任何单位和个人不得有下列虚开发票行为:①为他人、为自己开具与实际经营业务情况不符的发票;②让他人为自己开具与实际经营业务情况不符的发票;③介绍他人开具与实际经营业务情况不符的发票。

也就是说,如果灵工平台被税务稽查,发现存在虚开发票问题,那么拔出萝卜带出泥,作为受票方的大甲方企业也可能因构成“让他人为自己开具与实际经营业务情况不符的发票”的行为受到税务稽查。

(2)业务稳定性:一旦合作的灵工平台发生被稽查、要求补税、财政给付未到位的情形,极易导致灵工平台业务、财务链条断裂,无法为大甲方提供服务,存在业务稳定性问题。

2. 大甲方自建灵工风险分析。

在自建灵工模式下,由于大甲方自身具有海量灵工业务需求,平台中的业务真实性可以得到保证,由此导致的虚开发票风险大大降低。并且,大甲方可自行与地方园区政府部门签署相关财政奖励政策,增加收入。

然而,大甲方自建灵工平台亦需要识别什么场景适合灵工模式,勿将不适用灵工场景的业务(如法定劳动关系、构成劳务关系、易违规行业)转型为灵工模式,需关注自由职业者所得类型的确认以及事实劳动关系认定等问题,否则亦可能面临虚开发票、偷逃税等风险。

三、大甲方如何渡劫取"真经"?

大甲方入场灵工,必须将上述风险了然于胸,并掌握下述"通关攻略"。

(一)合作灵工:挑选可靠的灵工平台

合作灵工模式下,最大的风险在于灵工平台自身暴雷,殃及大甲方,因此,选择一个可靠的灵工平台就尤为重要。我们总结出"54321:五官四阶三体二元一线"的五维模型(第三章将"全析"五维模型),通过15个控制点组合成15分制(每个控制点1分),来初步评判一家灵工平台是否"可靠",大甲方可据此挑选适格的合作伙伴(详见本书第三章图5)。

(二)自建灵工:用工模式配置方案

之前我们提到,自建灵工模式下,大甲方需要识别不同的用工场景,匹配适用的用工模式,如针对企业核心业务领域、劳动密集型企业适用劳动关系;《个人所得税法实施条例》中对于劳务的正列举项适用劳务用工模式;将符合自担风险、自负盈亏的真实灵工场景的业务,转化为灵工模式。

灵工配置三步走

STEP 1
业务场景细分

对于不适宜全部转为灵工方式的甲方企业(如劳动密集型、法定劳动关系)，可将企业业务场景进一步 细分，如划分为营销推广业务、设计业务、客服咨询业务等

STEP 2
部分场景灵工化

- 将符合真实灵工业务场景的业务采用灵活用工方式，降本增效
- 将不符合灵工业务场景的业务采用建立劳动关系、劳务派遣等用工方式

STEP 3
数字化转型

- 对于灵工化的业务，通过数字化的能效管理工具，规避灵工行业固有风险
- 对于采用劳动、劳务等用工方式的业务，通过数字化管理手段，提升效率

图3 灵工配置三步走

除了灵工配置方案外，大甲方自建灵工平台，亦需依据“五维模型”，构建平台内完善的风控体系，确保自身业务的合规性。

(三)合规试点与认证策略:合规不起诉与 ISO 37301

大甲方无论是合作灵工，还是自建灵工，由于灵工行业天然存在的风险、监管与商业实践的“时差”以及企业内部的理解与执行差异等原因，难以做到极致的合规，如果发生涉税风险，大甲方如何险中求生？

所幸的是，我国涉案企业合规改革试点于 2022 年 4 月 2 日正式“官宣”，在全国全面推开，这即为可能因灵工业务陷入涉税刑事风险困境的大甲方提供“最后的机会”，通过合规整改，获得不起诉的机会，从而挽救企业，规范行业的法制化经营。

我们发现，ISO 37301 合规管理体系认证为企业建立与运行合规管理体系提供了整套解决方案，其与涉案企业合规整改存在很大程度上的对应关系（详见图 4），既能够在事前为大甲方构建刑事合规体系，又可在涉税刑事风险发生时，有效帮助企业构建合规计划，证明合规意愿，降低通过涉案企业合规整改的难度，实现“合规不起诉”（有关 ISO 37301 合规管理体系认证的解读细则详见本书第七章“ISO 37301 如何为灵工平台刑事合规赋能”部分的相关内容）。

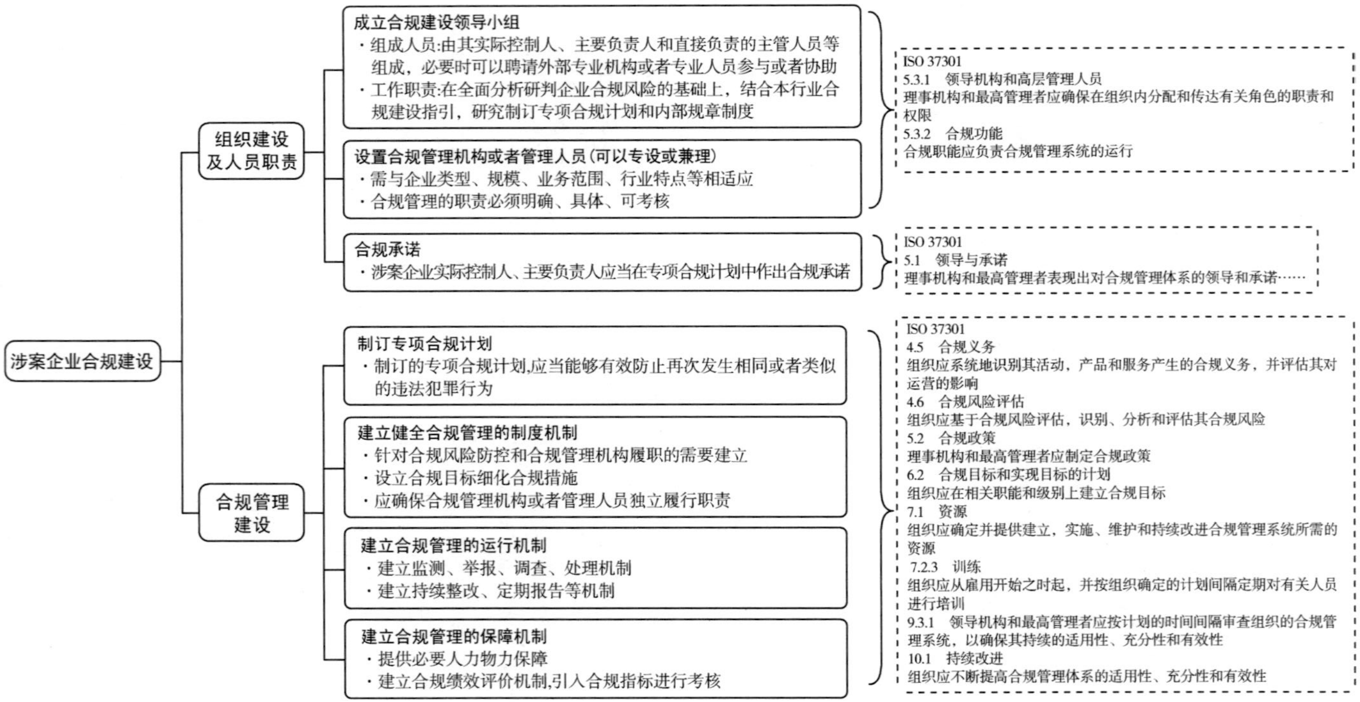

图4 ISO 37301合规管理体系认证与涉案企业合规建设对应示意图

注：本图系作者根据实际经验总结而成。

四、小结

大甲方入场灵工势不可当,大甲方在抓住用工模式转型、降本增效的同时,亦需迎接模式转型过程中的阵痛。

本章中,我们分析了大甲方以合作灵工和自建灵工两种入场方式,并分别分析了合作灵工模式下大甲方面临的风险穿透问题与业务连续性风险问题、自建灵工模式下大甲方面临的真实灵工场景识别问题,最后提出了风险应对建议,大甲方应如何选择"可靠"的灵工平台以及自建灵工下的用工模式配置方案,同时提议,大甲方可以 ISO 37301 认证为抓手,建立事前的刑事合规体系,以应对涉税等刑事责任风险。

本章的核心价值在于,结合趋势下的具体场景,总括了后续重点分析的几个要点合规问题。读者可以有一个清晰的轮廓,便于理解细节问题,以及构建整体知识体系。

第三章 甲方入局灵工平台，风控模型如何搭建：搭建/挑选“可靠”的灵工平台，五维模型打“样板”

前两章我们从监管维度和行业新模式的角度总结分析了灵工平台所面临的核心风险点。本章在此基础上，针对大甲方入局灵工的趋势，指导甲方通过一些显著的判定维度或一套相对准确的指导方法论，在法律层面，有效识别“可靠”的灵工平台。

本章通过构建“五维模型”，不仅针对甲方，同时给予参与到灵活用工业务的各方一个相对清晰的维度，在分析灵工平台面临的“九重塔”合规风险的基础上，帮助灵工需求企业识别和挑选“可靠”的灵工平台。

一、灵工平台合规风险：“九重塔”

灵活用工行业从2017年正式起步，进入急速发展的这6年，我们可以将其行业发展特点简单总结为：行业业务风险极高、平台内多主体分散、相关利益人（包括监管主体）众多、资源配置中的合作伙伴机制复杂、可延展的板块增长迅速。

这就导致，原本对新兴行业极其热衷的投资人，对于灵活用工行业却在持续观望；除此之外，灵活用工行业在资本市场也纷纷“遇冷”。虽然一些头部的灵工平台正在积极规划上市，但截至目前，“单体”灵工平台在国内尚无上市先例。

上述问题的“积重”，我们分析为灵工平台所面临的集体合规风险，是“九重风险”的深度叠加（“九重塔”）：风险既源于业务本身，也来自众多利益主体之间的“纠葛”，更是各维度“监管”的压力传导，而最重要的，是急速发展期灵工行业法律界定的模糊。

“九重塔”的具体内容如下：

1. 灵工平台属于互联网企业。这一属性，容易导致不少灵工平台具备舆论影响力、社会动员力的特性，容易引起群体性事件，正所谓“树大招风”，极易落入严格监管范围之内。

2. 股权结构分散复杂。基于稳定而丰富的税源地资源是灵工平台安身立命之本，但灵工行业业务风险又不容小觑，因此不少灵工平台实控人、投资人及合伙人通过股权代持、合资等多种方式设置分散型的股权架构，以求在开展业务的同时，能够降低业务风险穿透。这就导致灵工平台的股权架构分散复杂，不利于资产的整合融聚。

3. 灵工平台模式多样复杂。灵工平台现已发展出总包模式、代开代办模式、园区服务商模式、SaaS 服务商模式等多种商业模式，落地方案丰富。但复杂而又创新的商业模式，在现行监管规则滞后的情况下，很容易被“一刀切”规制。

4. 税筹方案综合复杂。单总包模式项下，就涉及个体户模式、委托代征模式、临时税务登记等多种税筹方案，税筹方案综合复杂，对于业务真实性的要求也更高。一旦业务不真实，“税筹方案”将变为“偷逃漏税方案”，灵工平台将面临行政乃至刑事风险。

5. 灵活用工与传统劳动/劳务用工之间边界模糊。目前司法实践仍未就灵活用工模式与传统的劳动/劳务模式之间的区别形成明确的司法指引，在判断个案的底层法律关系属于真正意义上的商事合作关系还是事实劳动关系上，不少灵工平台只能“碰运气”。

6. 个人信息合规及数据安全问题突出。灵工平台汇聚了大量的自由职业者，每天都需要处理大量的个人信息（包括身份证号、银行账号等敏感个人信息），频繁地进行数据传输、共享。一旦发生个人信息及数据处理违法违规事件，将对灵工平台带来巨大打击（如依照《个人信息保护法》最高可被处以上一年度营业额 5% 的行政罚款）。

7. 利益相关者众多。灵活用工行业涉及灵工平台自身（P 端）、用工需求方（B 端）、灵工人员（C 端）、服务商（S 端）、政府监管部门（G 端）及投资人

（I端）六方利益相关者（我们总结为“BIGPCS”），且每一利益相关者均各有诉求，容易导致利益对立与纠葛。

8. 监管部门多头、法律法规多维。灵工平台涉及的监管部门之多（涉及市场监管部门、税务部门、人社部门、公安部门、网络安全部门等），所适用法律之宽（涉及税法、劳动法、个人信息保护法等），易出现被“多头监管”“多重规制”的局面。

9. 新经济法律法规定性模糊、监管态势不明朗。基于灵活用工行业仍属于新经济业态，国家及地方层面尚未给予明确定性，“疏 + 导”政策并行，各地监管松紧口径不一且动态变化，极大地牵制着灵工平台的稳定发展。

二、如何搭建/挑选“可靠”的灵工平台？——灵工平台五维模型

充分理解灵工平台汇总面临的“九重塔”风险，是否意味着“积重难返”？

我们基于既往灵活用工行业合规项目经验，总结出“54321：五官四阶三体二元一线”的五维模型，通过15个控制点组合成15分制（每个控制点1分），来初步识别和评判一家灵工平台是否“可靠”。最终能走上一条“返璞归真”之路。

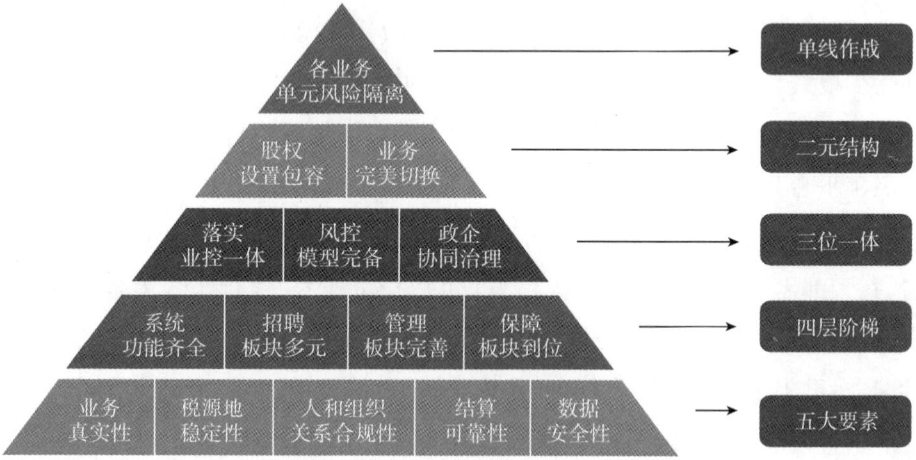

图5　五维模型图

如果以60分作为及格线,对照着五维模型下15个"踩分点",灵工平台获得9分,即可"及格"。但是我们同时认为:该15个控制点之中,存在灵工平台必须具备的要点,故同步设置了"必备项"("五官""三体")作为重要评判维度,这意味着,灵工平台通过必备项获得8分外,只需要通过任一可选项即可以8+1轻松通过及格线。具体评分如表3所示。

表3 五维模型评分表

序号	控制点分项	控制点细则	分值
一	五官:平台要素构筑充分——五大要素(必备项)		5分
1-1	业务真实性	·系统能够实现四流合一(业务流、资金流、合同流、发票流)的形式及实质核验 ·既往不存在虚开发票相关税务处罚案例	1分
1-2	税源地稳定性	·税源地资源丰富 ·税源地项目公司的资质(如委托代征资质、集群注册资质等)合规齐全	1分
1-3	人和组织关系合规性	·系统外观、用语及管理手段与灵活用工模式匹配对应 ·既往不存在C端被认定与P端或B端存在劳动关系的裁决/判决案例	1分
1-4	结算可靠性	资金结算方案合规,能保障结算及时性与安全性,匹配资金结算合规与高效保障机制	1分
1-5	数据安全性	·具备任一数据安全相关资质(如三级等保或ISO 27001等) ·隐私政策完备,并与系统功能匹配对应 PS:鼓励额外建立内部个人信息保护"Mactop"体系①	1分
二	四阶:功能体系搭建完备——四层阶梯(可选项)		4分
2-1	系统功能齐全	·系统资质齐全(如依法具备增值电信业务许可证等) ·具备发包、接包、验收、结算等基础必备功能 ·系统功能设置与具体落地模式相匹配,能够保证落地效率	1分

续表

序号	控制点分项	控制点细则	分值
2－2	招聘板块多元	有能力提供招聘板块增值服务，且招聘渠道、招聘人群、招聘方式多元	1分
2－3	管理板块完善	有能力提供管理板块增值服务，且有效实现C端自我项目管理	1分
2－4	保障板块到位	有能力提供保障板块增值服务，且涵盖保险、金融、福利、个人信息与数据安全等保障维度中的两项以上(含两项)	1分
三	三体：内部风控切实到位——三位一体(必备项)		3分
3－1	落实业控一体	·组织架构完备，已设置风控、法务或合规部门 ·在行业/客户准入、日常业务风控等方面已建立并落实具体业控一体机制	1分
3－2	风控模型完备	·事前：已建立行业/商户准入制度 ·事中：针对敏感、异常、大额交易已建立预警、核查、风控机制 ·事后：有能力定期抽查、巡访、核实	1分
3－3	政企协同治理	与当地主管部门(市场监管、税务部门)已共同搭建并已落地实施政企协同治理平台 PS：鼓励额外尝试与人社、公安、金融、网安等其他当地主管部门合作协同治理	1分
四	二元：组织架构支撑灵活——二元结构(可选项)		2分
4－1	股权设置包容	股权架构完整，税源地项目公司均体现在体系内，或虽然在体系外但有能力提供具备说服力的证据以证实对其的强控制	1分
4－2	业务完美切换	具备税源地切换方案，且已对应匹配系统设置，可实现业务及数据的平滑、快速切换	1分

续表

序号	控制点分项	控制点细则	分值
五	一线:业务风险有效隔离——单线作战(可选项)		1分
5-1	各业务单元风险隔离	·灵工业务板块与其他业务板块实现有效风险隔离 ·灵工业务板块内,敏感、高危、新兴等行业区分独立主体运营,实现有效风险隔离 ·单体量大客户根据需求建立独立的业务单元板块,客户之间风险隔离	1分
总计			15分
制表说明	(1)作为精简版本,为简便理解和方便计算,本表格未对15项控制点内容进行权重设置,仅为初步评估之用; (2)作为基础概念版本,本表格分值仅针对第一大类的“控制点分项”,未根据控制点细则进一步设置分值; (3)控制点是从不同维度中总结提取,针对特别重要的合规内容,存在部分交叉(如“五官”之“业务真实性”,在“三体”之“风控模式完备”中亦会触达),但因侧重面不同,因此仍予以分开设计分值		

① “Mactop体系”:该合规体系源于《个人信息保护法》第51条规定的个人信息处理者的义务,结合我们既往的个人信息保护合规的项目经验,总结提炼的互联网平台“自证清白”的“合规武器”。M:即“Management”,平台需要建立与个人信息保护相关的内部管理制度和管理规程,落实个人信息保护负责人岗位设置,申请获得ISO 27001信息安全管理体系认证、网络安全等级保护等资质,从系统资质、人员岗位设置及管理细则等方面“自外而内”管理职责和要求;A:即“Authorization” & “Assessment”,其一,平台需要合理确定个人信息处理的操作权限,根据业务流、个人信息流,授权不同部门、人员进行相应的处理;其二,平台需要依法定期进行合规审计,并依法履行个人信息保护影响评估义务,予以记录与流痕;C:即“Category”,平台需要对个人信息进行分类管理,根据不同的类别赋予不同的数据保护工具,如区分一般个人信息、敏感个人信息等类别给予不同维度的保护层级;T:即“Technology”,平台需要采取相应的加密、去标识化等安全技术措施,来保护经分类和授权处理的个人信息;O:即“Organization”,平台需要定期对从业人员进行安全教育和培训,如通过签署保密协议、进行背景调查、定期安全教育、定期培训等方式,增强平台从业人员对于个人信息保护的合规意识,亦可以进一步明确内部涉及个人信息处理不同岗位的职责和处罚机制;P:即“Plan”,平台需要建立个人信息安全事件应急预案并定期组织相关人员进行演练,履行个人信息泄露通知、补救等各项义务与流程,明确各主体责任。

三、灵工平台的灵魂:“业控一体”解决方案

灵工平台面临的“九重塔”虽像九道难关,但我们坚信仍有机会找到每一

道难关的突破口,去打通关,去实现全垒打。这不仅仅需要灵工平台自身的努力,也需要整个行业达成共识性的认知,去识别和构建一个个健康的灵工平台。因此:

首先,需求方抬高"水位线"。

我们从需求方出发,站在灵工需求企业如何挑选"可靠"的灵工平台的视角下,总结出"五维模型",通过"五官四阶三体二元一线"项下各个控制点的评价,以分析、判断该灵工平台是否足够可靠与合规。从而重塑或者一定程度上"倒逼"灵工平台建立合规体系,而不至于因为需求方的低"水位线",而让整个行业出现"劣币驱逐良币"现象。

而对于灵工平台而言,我们希望平台可以对照五维模型做初步的关键器官的"体检",查漏补缺。

其次,走四步,构建"业控一体"的平台实践。

我们分四步走,构建"业控一体"的平台实践:从内控体系建设出发,到风控和销售"联合作战",再到通过销售与需求企业形成可靠"联盟",再到拥抱"监管"的四步推进,最终实现一体化协作平台:

步骤一:灵工平台必须有清晰的定位和完整的风控体系,落实"业控一体",业务端和风控端必须"联合作战"(而不是两端割裂),以合规业务视角把控全局,明晰安全边界,持续、健康、长效支持业务开发和拓展,帮助灵工平台成为"良币"。

步骤二:作为重要的平台与客户之间的桥梁——销售/代理商必须具备充分的专业知识,在风控部门的指导下,联合定制合规产品。

步骤三:灵工需求企业必须认知到灵工平台不仅是一个"结算工具",而且是在业务外包模式下紧密的合作伙伴。否则,实质上仍无法避免税务风险的"穿透"。

步骤四:园区政府端及相关主管部门,应当设置灵工平台准入机制,正确引导其业务合规发展,并携手实现政企协同监管和治理,共同推动建立良好行业生态。

最后，这只是“良币驱逐劣币”的起点。

“五维模型”是一个从基础概念上对灵工平台给予可量化的“可靠”度衡量的起点，通过这个起点，我们可以认知到平台可以规范的方向，以及各方可以看到的合规维度。

“业控一体”是真正合规的手段，是破除“九重塔”“魔咒”的利器，而需求端的“合规需求”才是行业合规的真正起点。

与此同时，我们正在积极推动建立针对灵工平台社会责任项下更多维度的可度量的评价机制，甚至细分到灵工平台各个风控点的设计，同时配以相应的权重分值。通过灵工平台社会责任评级，调动灵工平台内部积极性，从而“自愿”“主动”“乐意”地履行社会责任，以进一步持续推动行业合规发展。

第二部分

案例与风险专题

第四章 大额补税案例:合规问题“两面观”

本章,通过梳理网红主播个人所得税两个核心法律问题——两面观:“谁来管”和“谁被管”。第一部分我们先分析“谁来管”问题,明确网红主播个税暴雷,生态中哪一方的主管税务机关拥有监管和处罚的管辖权。第二部分重点分析“谁被管”,明确究竟生态中哪一方应被主管税务机关监管、处罚。

一、主播个税“暴雷”:税务管辖权问题“一面观”

国家税务总局于2021年9月18日发布了关于加强文娱领域从业人员税收管理的通知,针对网红主播的税务检查、稽查案件持续发酵,从2021年12月的薇某稽查事件,到2022年2月的平某偷逃税案件,再到2023年1月某从事网络直播业务的灵工平台被要求补缴数千万元网络主播个人所得税案件,涉及网红主播的税务监管一路升级。其中最显著的现象就是,监管对象从主播本身拓展到灵工平台等平台方。

造成这种问题的核心原因是,自从国家税务总局发布上述通知后,部分地方园区仍旧延续此前的主播收入作为经营所得核定征收政策,未能及时、充分落实上述通知内容,这种“时差”导致持续暴雷,从事网络直播行业的灵工平台也遭受池鱼之灾。

(一)实践案例:灵工平台个人所得税巨额补税"罚单"

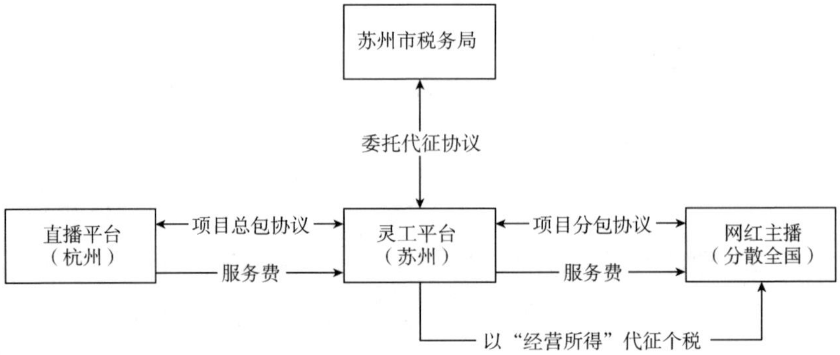

图6 灵工平台承揽直播业务案例示意图

注:本案例系根据真实案例改编,所涉平台及地域皆为虚拟。

某灵工平台位于苏州,总包了位于杭州直播平台的直播任务,随后分包给位于全国各地的网络主播。该灵工平台受苏州市税务局委托代征增值税、个人所得税等税款,按经营所得核定并扣缴个人所得税后,向主播支付费用。

随后,苏州市税务局认为该灵工平台违规将网络主播的劳务报酬所得转化为经营所得,涉嫌少扣缴个人所得税数千万元,责令该灵工平台限期缴纳上述个人所得税税款。

暂且不论网络主播的收入性质,即使网络主播收入被认定为劳务报酬,主管税务机关究竟是谁?

(二)案例解析:具有管辖权的主管税务机关究竟是谁

根据相关法律法规的规定,我国劳务报酬所得实行个人所得税全员全额扣缴申报[①],主管税务机关为扣缴义务人所在地税务机关[②]。

---

① 《个人所得税扣缴申报管理办法(试行)》第4条 实行个人所得税全员全额扣缴申报的应税所得包括:(1)工资、薪金所得;(2)劳务报酬所得;……

② 《税收征收管理法实施细则》第13条 扣缴义务人应当自扣缴义务发生之日起30日内,向所在地的主管税务机关申报办理扣缴税款登记……

因此,管辖权问题的核心是,扣缴义务人究竟是谁?

国家互联网信息办公室、国家税务总局、国家市场监管总局于2022年3月25日公布的《关于进一步规范网络直播营利行为促进行业健康发展的意见》规定,网络直播平台、网络直播服务机构应当明确区分和界定网络直播发布者各类收入来源及性质,并依法履行个人所得税代扣代缴义务,不得通过成立网络直播发布者"公会"、借助第三方企业或者与网络直播发布者签订不履行个人所得税代扣代缴义务的免责协议等方式,转嫁或者逃避个人所得税代扣代缴义务;不得策划、帮助网络直播发布者实施逃避税。

同时,国家税务总局杭州市税务局第二稽查局2020年12月15日于《中国税务报》中发布的《网络主播的个税谁来代扣?》一文,也从实质课税的原则出发,提出判断扣缴义务人的关键在于确定直播行为中主播所获收入的支付方是谁,认定主播实质上是为平台提供服务,平台从根本上决定着主播的所得,扣缴义务人最终确定为直播平台。

回归到本部分的"实践案例"中,虽然在形式上,网红主播和灵工平台签订合同,收入由灵工平台支付,但实质上,直播平台才能真正地控制主播们的收入,是最终的支付方。因此,我们认为该案中具有管辖权的是直播平台所在地的杭州市税务局。

(三)小结

本章第一部分,我们从规章制度和实践案例角度,分析了网红主播收入的扣缴义务人是能够决定其收入的网络直播平台或者网络直播服务机构,具有管辖权的税务机关应为扣缴义务人所在地的税务机关。

下一部分,我们将着重分析在网红主播个税"暴雷"的场景下,主管税务机关监管谁,是扣缴义务人(网络直播平台/网络直播服务机构)和纳税人(网红主播),还是委托代征机构(灵工平台)?

二、主播个税案背后：真正的纳税义务人——“两面观”

网红主播个税问题持续发酵，谁才是真正应该被监管的人？

上一部分，我们明确了在网红主播因收入性质问题导致个税“暴雷”的场景下，具有管辖权的主管税务机关是扣缴义务人所在地税务机关，并且从实质课税的角度分析，扣缴义务人应为网络直播平台、网络直播服务机构。

本部分中，我们将着重分析，网红主播个税暴雷，究竟谁应被主管税务机关监管？

（一）补税案件牵扯的三个“当事人”都是谁？

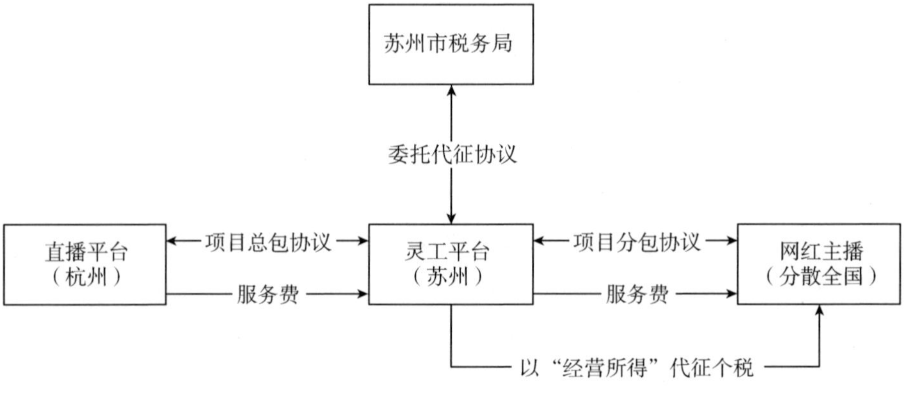

图7 灵工平台承揽直播业务案例示意图

我们继续分析上文提到的实践案例：某灵工平台位于苏州，总包了位于杭州的直播平台的直播任务后分包给网络主播。该灵工平台受苏州市税务局委托代征增值税、个人所得税等税款，按经营所得核定并扣缴个人所得税后，向主播支付费用。苏州市税务局认为该灵工平台违规将网络主播的劳务报酬所得转化为经营所得，涉嫌少扣缴个人所得税数千万元，责令该灵工平台限期缴纳。

在本案中，主要涉及三个可能被监管的主体：

1. 扣缴义务人：为能够决定网红主播收入的网络直播平台或者网络直播服

务机构；

2. 纳税人：为分散在全国各地的、实际承担个税纳税义务的网红主播；

3. 代征人：依法受苏州市税务机关的委托，依据《委托代征协议》中的约定，行使代征网红主播税款的权利的灵工平台。

那么，这三个主体中，谁才是税务机关的监管对象？

（二）三个主体谁才是真正纳税主体？谁又是“背锅侠”？

要确定谁来背网红主播个税“暴雷”的锅，就要了解代征人、纳税人和扣缴义务主体的法定义务是什么，未履行义务会有何种责任。

1. 代征人的权责。

代征人，是指依法接受税务机关委托、行使代征税款权力并承担《委托代征协议书》规定义务的单位或人员；可以理解为税务机关的延伸。

2013 年 5 月 10 日，国家税务总局公告 2013 年第 24 号《委托代征管理办法》第 22 条中规定，“因代征人责任未征或少征税款的，税务机关应向纳税人追缴税款，并可按《委托代征协议书》的约定向代征人按日加收未征少征税款万分之五的违约金，但代征人将纳税人拒绝缴纳等情况自纳税人拒绝之时起 24 小时内报告税务机关的除外。”

可见，在上述案例中，即使因代征人的工作失误导致未征或少征税款，也只承担违约金的责任，限期缴纳网红主播个人所得税的“锅”扣不到代征人的头上。

并且，我们额外提示，若网红主播收入被认定为劳务报酬，根据 2018 年 12 月 21 日国家税务总局公告 2018 年第 61 号《个人所得税扣缴申报管理办法（试行）》的规定，劳务报酬实行个人所得税全员全额扣缴申报，属于法定的代扣代缴的税收，因此劳务报酬不符合委托代征税款相关规定①，无法进行代征。如若灵工平台违规多征税款致使纳税人合法权益受到损失的，由税务机关赔偿，

---

① 《委托代征管理办法》第 4 条第 2 款　税务机关不得将法律、行政法规已确定的代扣代缴、代收代缴税收，委托他人代征。

但税务机关有权事后向代征人追偿。

2. 扣缴义务人的义务与责任。

扣缴义务人，是指法律、行政法规规定负有代扣代缴、代收代缴税款义务的单位和个人。

《税收征收管理法》第 63 条规定："纳税人伪造、变造、隐匿、擅自销毁帐簿、记帐凭证，或者在帐簿上多列支出或者不列、少列收入，或者经税务机关通知申报而拒不申报或者进行虚假的纳税申报，不缴或者少缴应纳税款的，是偷税。……扣缴义务人采取前款所列手段，不缴或者少缴已扣、已收税款，由税务机关追缴其不缴或者少缴的税款、滞纳金，并处不缴或者少缴的税款百分之五十以上五倍以下的罚款；构成犯罪的，依法追究刑事责任。"

可见，扣缴义务人其实并不是税款的实际负担主体，仅承担代扣代缴等义务①。

3. 纳税人的义务与责任。

纳税人，是指法律、行政法规规定负有纳税义务的单位和个人。

《税收征收管理法》第 63 条第 1 款规定："纳税人伪造、变造、隐匿、擅自销毁帐簿、记帐凭证，或者在帐簿上多列支出或者不列、少列收入，或者经税务机关通知申报而拒不申报或者进行虚假的纳税申报，不缴或者少缴应纳税款的，是偷税。对纳税人偷税的，由税务机关追缴其不缴或者少缴的税款、滞纳金，并处不缴或者少缴的税款百分之五十以上五倍以下的罚款；构成犯罪的，依法追究刑事责任。"

纳税人理应是纳税义务的最终承担主体，这个"锅"是甩不出去的。

（三）小结

通过"谁监管"和"谁被管"两层监管分析，就彻底分析了类似案件参与方

---

① 根据《税收征收管理法》第 69 条的规定，扣缴义务人应扣未扣、应收而不收税款的，由税务机关向纳税人追缴税款，对扣缴义务人处应扣未扣、应收未收税款 50% 以上 3 倍以下的罚款。我们提示，若是应扣未扣、应收未收网红主播的个税，扣缴义务人可能有被罚款的风险。

的税法义务实质:(1)网红主播收入的扣缴义务人应是能够决定其收入的网络直播平台或者网络直播服务机构,具有管辖权的税务机关应为扣缴义务人所在地的税务机关;(2)网红主播应是其个人所得税纳税义务的最终负担主体,而扣缴义务人及代征人仅就"扣缴"行为和"代征"行为承担责任。

因此,如果清晰上述法律主体对应的税法责任,就能直观理解基于互联网生态的灵工平台,委托代征模式的灵工平台其本质上就是一个代征人的角色,接受税务机关委托行使代征税款权力并履行义务。而从上述案例中,我们观察到这与实践中灵工平台所承担的法律责任有一定的偏差。随着类似法律责任风险在终端的暴露和处罚成本的提高,更需要灵工平台和甲方在合作初始,将业务实质与法律责任的承担予以明确。

第五章　税务稽查和虚开专票专题

一、虚开专票的"稽查三件套"

当稽查人员来敲门,你准备好了吗?

我们经办过很多税务稽查案子,很多企业在面对稽查人员时,一下子慌了手脚,盲目地采取了一些不适当甚至违规的应对措施,火上浇油,最终导致小事变大,甚至入刑。

随着金税四期的应用与"双随机,一公开"制度的贯彻,加之部分企业对财税及法律知识的欠缺,或涉税中介机构因违规的线上推广行为成为税务机关的重点关注对象,被税务稽查似乎已经成为高概率事件,如何正确地配合税务稽查成为企业的必备技能。因此,为了帮助企业进一步了解税务稽查,我们以被稽查企业可能会收到的"三件套"——《税务检查通知书》《税务行政处罚事项告知书》《税务行政处罚决定书》[①]为线索,从"三件套"视角为大家讲述在不同税务稽查阶段的配合方略。

(一)税务稽查时企业常见的错误应对措施

企业在面对税务稽查时,由于信息不对称导致心里没底,从而可能采取常见的两种违规做法:一种是"关系型",通过疏通关系、找人说情甚至贿赂等手段,希望能够降低或者避免处罚;另一种是"抵抗型",拒不配合税务机关检查,甚至采用故意销毁会计凭证等方式意图阻碍稽查进展,两种行为都会给自身带来严重的后果。

(1)对于"关系型"选手,若向国家工作人员行贿,数额在 1 万元以上的,就

① 视稽查结果,亦有可能为《税务处理决定书》《不予税务行政处罚决定书》《税务稽查结论》。

达到了刑事立案标准[①]，可以追究刑事责任；对犯行贿罪的，视情节严重情况以及给国家利益造成的损失情况，处不同种类的刑罚[②]。

如在林某雄、林某平行贿、妨害作证案[③]中，林某雄明知其弟涉嫌虚开增值税专用发票犯罪，为了帮其减轻、逃脱刑事处罚，多次给予国家工作人员财物，要求“关照一下”，结果非但没能捞出弟弟，自己还因犯行贿罪、妨害作证罪，两罪并罚，被判处有期徒刑 7 年，并处罚金 20 万元。

（2）对于“抵抗型”选手，若采取伪造、变造、隐匿、擅自销毁账簿、记账凭证等方式的，则有可能面临由税务机关追缴其不缴或者少缴的税款、滞纳金，并处不缴或者少缴的税款 50% 以上 5 倍以下的罚款的行政处罚；如若情节严重（涉及金额在 50 万元以上的、应当交出却销毁或拒不交出）构成刑事犯罪[④]的，则会面临 5 年以下有期徒刑或者拘役，并处或者单处 2 万元以上 20 万元以下罚金的刑罚。

如在傅某丽隐匿、故意销毁会计凭证、会计账簿、财务会计报告罪案[⑤]中，傅某丽就在稽查局要求调取账簿资料时，将调整后的会计凭证、会计账簿等财务资料提供给稽查局，隐匿原始账证，最终被判处拘役 5 个月，缓刑 7 个月，并处罚金人民币 2 万元。

同时，对于积极配合税务机关开展稽查工作的企业，如果希望聘请涉税中

---

① 《最高人民法院、最高人民检察院关于办理行贿刑事案件具体应用法律若干问题的解释》第 1 条　为谋取不正当利益，向国家工作人员行贿，数额在一万元以上的，应当依照刑法第三百九十条的规定追究刑事责任。

② 《刑法》第 390 条第 1、4 款　【行贿罪的处罚规定】对犯行贿罪的，处三年以下有期徒刑或者拘役，并处罚金；因行贿谋取不正当利益，情节严重的，或者使国家利益遭受重大损失的，处三年以上十年以下有期徒刑，并处罚金；情节特别严重的，或者使国家利益遭受特别重大损失的，处十年以上有期徒刑或者无期徒刑，并处罚金或者没收财产。

行贿人在被追诉前主动交待行贿行为的，可以从轻或者减轻处罚。其中，犯罪较轻的，对调查突破、侦破重大案件起关键作用的，或者有重大立功表现的，可以减轻或者免除处罚。

③ 湖南省益阳市赫山区人民法院刑事判决书，(2019)湘 0903 刑初 338 号。

④ 《刑法》第 162 条之一　【隐匿、故意销毁会计凭证、会计账簿、财务会计报告罪】隐匿或者故意销毁依法应当保存的会计凭证、会计帐簿、财务会计报告，情节严重的，处五年以下有期徒刑或者拘役，并处或者单处二万元以上二十万元以下罚金。

单位犯前款罪的，对单位判处罚金，并对其直接负责的主管人员和其他直接责任人员，依照前款的规定处罚。

⑤ 浙江省绍兴市越城区人民法院刑事判决书，(2019)浙 0602 刑初 1118 号。

介机构，考虑到税务机关已加强对涉税中介机构线上推广行为的监管，企业不要被部分不法中介机构发布的涉税虚假宣传、不实信息、歪曲解读税收政策的言论迷惑，避免使自己的税务情形雪上加霜。

前车覆，后车鉴。知晓了税务稽查时企业若采取错误的应对措施将会带来何种严重后果，我们将在下文中详细讲述"稽查三件套"是什么、有何意义以及如何"招待"。

（二）"稽查三件套"具体流程

根据国家税务总局发布的《税务稽查案件办理程序规定》，税务稽查一般分为选案—检查—审理—执行四个阶段，除选案阶段被稽查企业难以感知到外，其余三阶段，企业均会收到象征着稽查流程进入该阶段的相关文书，其中，"三件套"尤为重要：

（1）《税务检查通知书》。当收到《税务检查通知书》时，即意味着企业已经进入了检查阶段，税务机关有权采取在该阶段所必需的实地检查、调取账簿资料等相关检查措施，以论证企业是否存在税收违法违规行为，同时若税务机关认为被稽查企业有逃避纳税义务等迹象，有权采取税务强制措施。在检查阶段结束后，税务机关会将检查结果告知被稽查企业，企业有异议的，应当在限期内提供相关说明与证据材料。

（2）《税务行政处罚事项告知书》。检查阶段结束后即进入稽查审理阶段。审理阶段主要进行执法程序与税收违法事实两方面的审理：在执法程序方面，通常会审理执法主体和被稽查对象是否准确、是否符合法定程序、是否超越或滥用职权等；在税收违法事实方面，会审理事实是否清楚，证据是否充分，数据是否准确，资料是否齐全以及适用的相关法规、定性是否正确、税务处理、处罚建议是否适当等。若审理后拟作出税务行政处罚，应当向其送达《税务行政处罚事项告知书》，预告下企业可能会受到的行政处罚，被稽查对象有陈述、申辩及要求听证的权利。

（3）《税务行政处罚决定书》。税务机关通常会根据审理结果，在审理阶段形成《税务行政处罚决定书》等税务文书，并在执行阶段进行送达。企业收到上述文书后，即需要自行缴纳，确有经济困难，可以申请延期或者分期缴纳罚款；对处罚决定有异议的可以提起行政复议/诉讼。如企业采取"静默处理"，既不自行缴纳又不提起行政复议/诉讼的，稽查局可以依法强制执行。

具体的税务稽查流程节点如图8所示。

稽查局应当自立案之日起90日内作出结论。

案情复杂需要延期的，经税务局局长批准，可以延长不超过90日

税务稽查阶段	被稽查企业收到文件	稽查工作内容
选案阶段	—	主要工作：稽查局全面收集整理案源信息，待查对象确定后，经稽查局局长批准实施立案检查，必要时可以在立案前进行检查。 案源分类：根据案源信息的来源不同，将案源分为九种类型：推送案源、督办案源、交办案源、安排案源、自选案源、检举案源、协查案源、转办案源（对公安、检察、审计、纪检监察等）、其他案源
检查阶段	《税务检查通知书》 《调取账簿资料通知书》 《调取账簿资料清单》 《提取证据专用收据》 《询问通知书》(除在被查对象生产、经营、办公场所询问) 《税收强制措施决定书》 《解除税收强制措施决定书》	检查方式：采取实地检查、调取账簿资料、询问查询存款账户或者储蓄存款、异地协查(发送协查函)等方法。 强制措施： 1.税务机关认为纳税人有逃避纳税义务行为并在限期纳税期间内发现其有转移、隐匿财产或应纳税收入迹象且不能提供纳税担保，经县以上税务局局长批准，可以依法采取税收强制措施； 2.检查纳税人以前纳税期的纳税情况时，发现纳税人有逃避纳税义务行为，并有明显的转移、隐匿财产或应纳税收入迹象的，经县以上税务局局长批准，可以依法采取税收强制措施。 结果告知：检查结束前，检查人员可以将发现的税收违法事实和依据告知被查对象；被查对象有异议的，应当在限期内提供说明及证据材料，被查对象口头说明的，检查人员应当制作笔录，由当事人签章。
审理阶段	《税务行政处罚事项告知书》(被稽查企业可提出陈述、申辩意见)	符合重大税务案件标准：稽查局审理后提请税务局重大税务案件审理委员会审理 税收违法行为涉嫌犯罪的：填制涉嫌犯罪案件移送书，经税务局局长批准后，依法移送公安机关 无上述情况的，区分下列情形分别作出处理： 1.有税收违法行为，应当作出税务处理决定的，制作《税务处理决定书》； 2.有税收违法行为，应当作出税务行政处罚决定的。制作《税务行政处罚决定书》； 3.税收违法行为轻微，依法可以不予税务行政处罚的，制作《不予税务行政处罚决定书》； 4.没有税收违法行为的，制作《税务稽查结论》。
执行阶段	《税务处理决定书》 《税务行政处罚决定书》 《不予税务行政处罚决定书》 《税务稽查结论》 《催告文书》(催告当事人履行义务，听取当事人陈述、申辩意见) 《暂缓或者分期缴纳罚款通知书》 《税收强制执行决定书》(经催告，当事人逾期仍不履行行政决定，且无正当理由的)	自行缴纳：纳税人、扣缴义务人按照规定缴纳或者解缴税款、滞纳金等；或申请暂缓或者分期缴纳。 行政复议/诉讼：纳税人、扣缴义务人对于税务行政处罚决定不服，可依法提请行政复议/诉讼。 强制执行：经县以上税务局局长批准稽查局可以依法强制执行，或者依法申请人民法院强制执行。 中止执行：死亡；破产清算未终结；财产被依法查封、扣押、冻结致使无法执行；财物需法院或仲裁确定权属；其他情形。 发现犯罪行为：填制涉嫌犯罪案件移送书，经税务局局长批准后，依法移送公安机关。

图8　税务稽查流程节点图

（三）“稽查三件套”的具体应对

如若被稽查企业有税收违法行为，稽查过后可能面临被追缴欠缴的税款、滞纳金、处以罚款等行政责任；若构成虚开增值税专用发票罪、逃税罪等犯罪行为，亦需承担相应的刑事责任。鉴于大部分企业财税知识相对欠缺，亦不完全肯定自身是否存在税收违法行为，因而常常闻稽查而色变，采取一些不恰当的应对措施。因此，企业需要通过“稽查三件套”来帮忙。

厘清流程，心中有数。

通过对于“稽查三件套”的介绍，我们希望能够帮助企业厘清税务稽查全流程，并明晰各个阶段税务机关的主要工作内容，使得企业心中有数，知晓“查什么、怎么查、如何做”，遇事不慌，从而采取正确的应对方略。

见“书”行事，正确应对。

根据前述分析，“稽查三件套”分别对应着稽查流程中的不同阶段，税务机关在不同阶段存在不同的工作侧重点。企业应跟随税务机关的节奏，在不同稽查阶段采取不同的应对方略。如在收到“税务检查通知书”阶段，企业应当做好什么准备工作？在何时需要抓住机会提出自己的异议？

在本章中，我们将具体分析税务稽查时企业常见的错误应对措施以及可能导致的后果，“稽查三件套”——《税务检查通知书》《税务行政处罚事项告知书》《税务行政处罚决定书》各自代表的稽查阶段以及各阶段税务机关的主要工作内容，同时期望通过对于“稽查三件套”的分析，企业在面对稽查时能“厘清流程，心中有数”，并且“见‘书’行事，正确应对”，从而降低被处以税务行政处罚甚至承担刑事责任的可能。

接下来，我们将具体分析企业的何种行为会涉及税务机关“以票控税”、“以数治税”以及“秋后算账”，从而引发税务稽查；并明确企业收到《税务检查通知书》时，正确的应对方略。

二、"稽查三件套"系列一之《税务检查通知书》

在"虚开专票的'稽查三件套'"部分中，我们系统介绍了"稽查三件套"——《税务检查通知书》《税务行政处罚事项告知书》《税务行政处罚决定书》各自代表的稽查阶段以及各阶段税务机关的主要工作内容，希望企业在不同阶段能够采取正确的配合措施。

本部分，我们以《税务检查通知书》为线索，分析企业哪些行为会涉及税务机关"以票控税"、"以数治税"以及"秋后算账"，从而导致被税务稽查，并明确当"通知书"来敲门时，企业应当如何处理。

（一）世上企业那么多，为何偏偏"相中"我？

相信很多企业在收到《税务检查通知书》时，都会忍不住发问：明明有那么多的企业，稽查局为何偏偏选中我？其实，细细探究，其中原因也并非无迹可寻。在此，我们通过梳理税务稽查案源信息来源的分类以及企业易被稽查的导火索，来分析为何独你得稽查局"偏爱"。

案源信息来源类型

当稽查局的案源部门获得图 9 所示的案源信息后，就会根据案源类型、线索清晰程度、税收风险等级等考量因素，进行退回或者补正、移交税务局相关部门、暂存待查、调查核实（包括协查）、立案检查等流程。

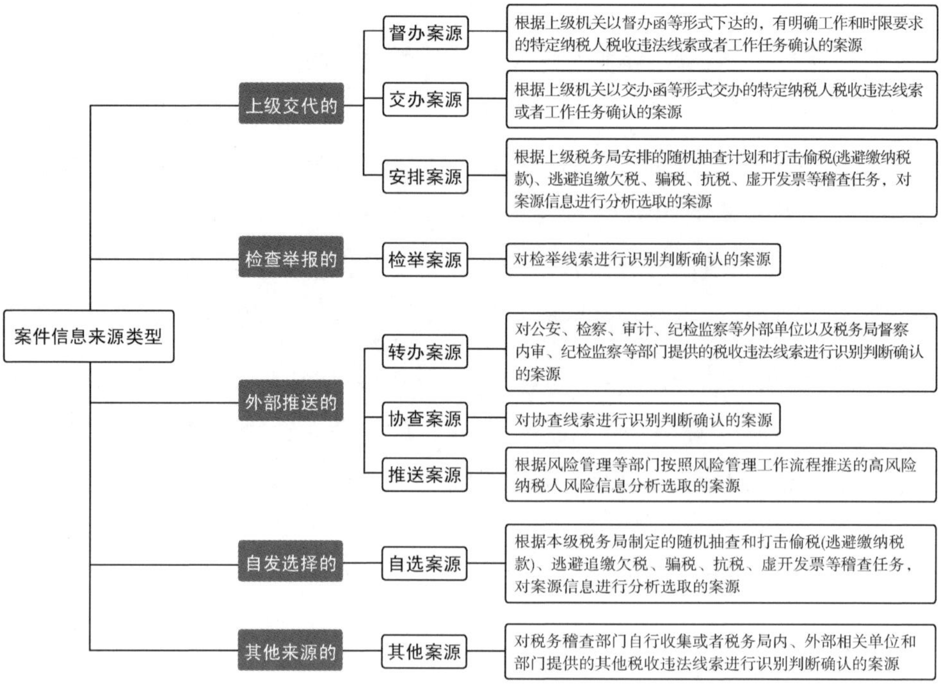

图 9　税务稽查案源类型图

一般而言，对于督办、交办事项明确要求立案检查的案源、案源部门接收并确认的高风险纳税人风险信息案源以及税收违法行为线索清晰的案源，会进行立案检查①。

企业易被稽查的导火索

得知了案源信息的类型，那么，企业的何种行为会引发案源信息筛查，成为被稽查的导火索呢？

---

① 《税务稽查案源管理办法（试行）》第 23 条　符合下列情形之一的，确认为需要立案检查的案源：（一）督办、交办事项明确要求立案检查的案源；（二）案源部门接收并确认的高风险纳税人风险信息案源，以及按照稽查任务和计划要求安排和自选的案源；（三）举报受理部门受理的检举内容详细、线索清楚的案源；（四）协查部门接收的协查案源信息涉及的纳税人状态正常，且存在下列情形之一的案源：委托方已开具《已证实虚开通知单》并提供相关证据的；委托方提供的证据资料能够证明协查对象存在税收违法嫌疑的；协查证实协查对象存在税收违法行为的；（五）转办案源涉及的纳税人状态正常，且税收违法线索清晰的案源；（六）经过调查核实（包括协查）发现纳税人存在税收违法行为的案源；（七）其他经过识别判断后应当立案的案源；（八）上级稽查局要求立案检查的案源。

“以票控税”——发票违规开具

税务稽查中，素有“查账必查票、查案必查票、查税必查票”之说。在开具以及取得发票时，需要严格按照形式合规与实质合规进行审核，形式合规中，需按照《发票管理办法》领购、开具、检查发票；实质合规中，需确保开具的发票类目、金额、数量与实际发生的业务相符。

“以数治税”——业务真实性存疑

随着“金税四期”的建设，税收大数据成为稽查局执法利器，近期许多暴雷的网红、明星均因税收执法大数据落入法网。

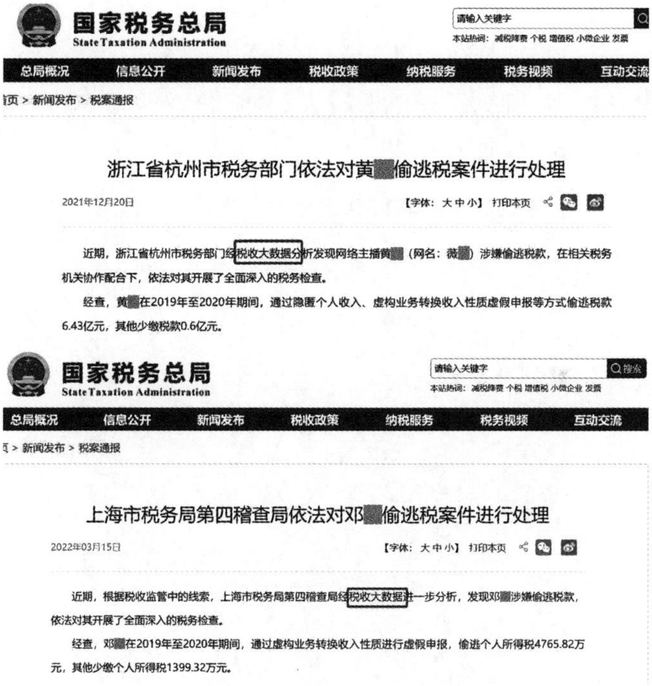
国家税务总局
State Taxation Administration
请输入关键字
本站热词：减税降费 个税 增值税 小微企业 发票
总局概况 信息公开 新闻发布 税收政策 纳税服务 税务视频 互动交流
首页 > 新闻发布 > 税案通报

浙江省杭州市税务部门依法对黄[redacted]偷逃税案件进行处理

2021年12月20日 【字体：大 中 小】 打印本页

近期，浙江省杭州市税务部门经税收大数据分析发现网络主播黄[redacted]（网名：薇[redacted]）涉嫌偷逃税款，在相关税务机关协作配合下，依法对其开展了全面深入的税务检查。

经查，黄[redacted]在2019年至2020年期间，通过隐匿个人收入、虚构业务转换收入性质虚假申报等方式偷逃税款6.43亿元，其他少缴税款0.6亿元。

国家税务总局
State Taxation Administration
请输入关键字 搜索
本站热词：减税降费 个税 增值税 小微企业 发票
总局概况 信息公开 新闻发布 税收政策 纳税服务 税务视频 互动交流
页 > 新闻发布 > 税案通报

上海市税务局第四稽查局依法对邓[redacted]偷逃税案件进行处理

2022年03月15日 【字体：大 中 小】 打印本页

近期，根据税收监管中的线索，上海市税务局第四稽查局经税收大数据进一步分析，发现邓[redacted]涉嫌偷逃税款，依法对其开展了全面深入的税务检查。

经查，邓[redacted]在2019年至2020年期间，通过虚构业务转换收入性质进行虚假申报，偷逃个人所得税4765.82万元，其他少缴个人所得税1399.32万元。

图 10　通过税收执法大数据稽查案例图

税款征收通常是环环相扣的，特别是在稽查局有大数据技术加持的情况下，一着不慎，便难逃法网。如企业常见的财务指标异常、企业客户的经营活动异常等情形，均有可能导致税务系统中企业的税收数据分析预警，进而引发稽查。为避免此类状况，最好的方式就是明确自身的商业模式的税务处理方式，并选择信誉良好的合作伙伴，将业务真实性落到实处。

“秋后算账”——默认不表示合法

实践中，很多企业存在侥幸心理，认为自己给地方带来了巨额税收，属于“大厂”，并且多次与当地主管部门进行口头沟通，地方默认业务开展，就“高枕无忧”了，放心地进行“白条入账”或者无委托代征资质而代征税款等行为。

然而，企业却忽视了被“秋后算账”的风险。一旦行业监管趋严，企业便没有任何证据证明自身的合法性，将面临严格的行政或者刑事处罚。

（二）收到《税务检查通知书》，应当怎么做？

百密终有一疏，特别是在“互联网＋监管”大力推进的背景下，成为稽查对象的可能性始终存在。那么，若企业收到《税务检查通知书》被确认为稽查对象时，需采取何种应对方略呢？

收到《税务检查通知书》意味着什么？

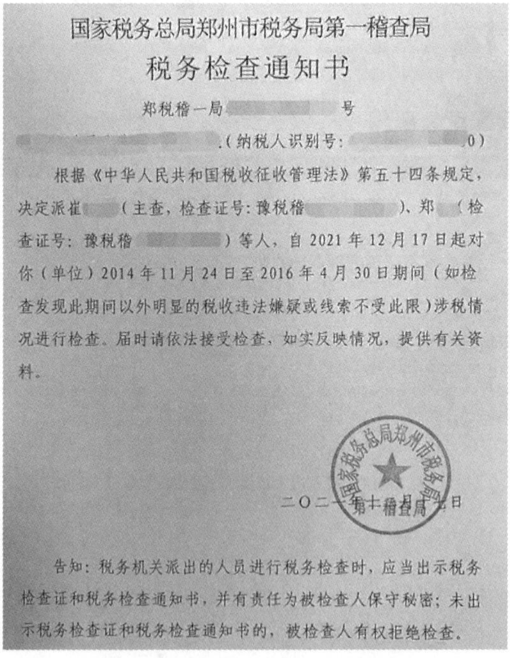

国家税务总局郑州市税务局第一稽查局

税务检查通知书

郑税稽一局[illegible]号

[illegible]：（纳税人识别号：[illegible]0）

根据《中华人民共和国税收征收管理法》第五十四条规定，决定派崔[illegible]（主查，检查证号：豫税稽[illegible]）、郑[illegible]（检查证号：豫税稽[illegible]）等人，自2021年12月17日起对你（单位）2014年11月24日至2016年4月30日期间（如检查发现此期间以外明显的税收违法嫌疑或线索不受此限）涉税情况进行检查。届时请依法接受检查，如实反映情况，提供有关资料。

国家税务总局郑州市税务局第一稽查局

二〇二一年十二月[illegible]日

告知：税务机关派出的人员进行税务检查时，应当出示税务检查证和税务检查通知书，并有责任为被检查人保守秘密；未出示税务检查证和税务检查通知书的，被检查人有权拒绝检查。

图11 《税务检查通知书》样例

1. 检查方式。

当企业收到《税务检查通知书》时，即意味着企业已经进入了税务稽查流程的检查阶段，稽查人员有权采用实地检查、调取账簿资料、询问查询存款账户或者储蓄存款、异地协查（发送协查函）等方法，检查企业是否具备税收违法行为。

图 12　税务稽查流程图

2. 强制措施。

检查过程中，若税务机关认为企业有以下两种行为，经县级以上税务局局长批准，可以采取以下税收强制措施：

（1）税务机关发现纳税人逃避纳税义务行为并在限期纳税期间内发现其转移、隐匿财产或收入迹象的且不能提供纳税担保的；

（2）检查纳税人以前纳税期的纳税情况时，发现纳税人有逃避纳税义务行为，并有明显的转移、隐匿财产或收入迹象的。

3. 结果告知。

检查结束前，检查人员可以将发现的税收违法事实和依据告知被查对象；被查对象有异议的，应当在限期内提供说明及证据材料，被查对象口头说明的，检查人员应当制作笔录，由当事人签章。

收到《税务检查通知书》后应当怎么做？

明确检查原因与可能的后果。在收到《税务检查通知书》后，企业应第一时间依据《税务检查通知书》所示的时间阶段进行内部自查，明确该时间段内的票、账、税情况，并固定好企业内部的合同流、业务流、发票流、资金流的四流证据链，企业可内部分析或求助外部专业人士，明确自身是否存在违法违规情形，如果存在，那么导致的法律后果有哪些，责任主体有哪些。

加强沟通并配合检查工作。有的企业在面对税务稽查时，会错误地采取贿赂检查人员、采取销毁账簿、材料以及转移财产等极端做法，殊不知此举有可能导致税务机关采取查封、扣押、冻结等税收强制措施，甚至有可能构成行贿罪或隐匿、故意销毁会计凭证、会计账簿、财务会计报告罪从而受到刑事处罚。

因此，我们建议被稽查企业面对检查人员时，不要剑拔弩张，积极与其就稽查事宜进行沟通，如实提供检查人员要求的材料并配合检查工作。同时，我们建议，如果企业自身尚未厘清税务稽查阶段的票、账、税的内容便受到了询问，可以先以口头而非文字的形式进行沟通，并审慎签字，如需对自己尚不确定的笔录内容进行签字，可在"被查对象(当事人)陈述意见"一栏表明自身的不同意见。

做好证据备份工作。考虑到税务稽查的结果是不可控的，后续被稽查企业亦有可能提起行政复议、行政诉讼或者进行内部追责，因此建议企业将检查阶段的相关全部证据进行记录和备份，包括企业从税务机关接受到的文书、与检查人员相关的沟通记录等；同时，相关证据如能提交复印件就提交复印件，如需提供原件，则需保留扫描复印件。

积极表明异议或意见。如若被稽查企业对稽查人员检查得出的企业税收违法事实和依据存在异议，应当抓住机会，及时提供相关说明和证据材料，该份文书亦会成为稽查案件最终定性的证据之一，企业应当审慎对待。

(三)小结

税务稽查无小事，稍不留神可触刑。因此，企业一方面应当做到日常合法合规运营，及时依法纳税；另一方面亦应积极配合税务稽查，针对税务稽查的不同阶段，采取正确的应对策略。

本部分中，我们首先分析了易导致企业被稽查原因——分析企业哪些行为会涉及税务机关"以票控税"、"以数治税"以及"秋后算账"，并建议企业若收到《税务检查通知书》，应当首先明确检查原因与可能发生的后果，其次加强与稽查人员沟通并配合检查工作，还应做好证据备份工作以及抓住机会积极表明异议或意见。在下文中,我们将分析企业收到《税务行政处罚事项告知书》时,正确的配合措施。

三、"稽查三件套"系列二之《税务行政处罚事项告知书》

在"'稽查三件套'系列一之《税务检查通知书》"部分中,我们分析了企业哪些行为会涉及税务机关"以票控税"、"以数治税"以及"秋后算账",并提出企业若收到《税务检查通知书》时的正确配合措施。

而当《税务行政处罚事项告知书》出现时,则意味着在检查阶段发现的税收违法事实和依据,经过审理阶段审理后,稽查人员认为有必要对被稽查对象作出行政处罚,处罚前会事先提醒被稽查对象,被稽查对象亦有陈述、申辩、要求听证的权利。

可见,《税务行政处罚事项告知书》可谓作出最终处罚决定前的减速带,那么当《税务行政处罚事项告知书》来敲门时,企业应当如何对待呢?

(一)收到《税务行政处罚事项告知书》意味着什么?

当企业收到《税务行政处罚事项告知书》时,即意味着企业已经进入了税务稽查流程中审理阶段的尾声,而在审理阶段,稽查人员的主要工作内容分三步走:

第一步:确定谁来审

检查结束后,稽查局应当对案件进行审理。符合重大税务案件标准的,稽查局审理后提请税务局重大税务案件审理委员会审理;税收违法行为涉嫌犯罪的,经税务局局长批准后,依法移送公安机关侦查;若不存在这两种情形,则依旧由稽查局自身来审理。

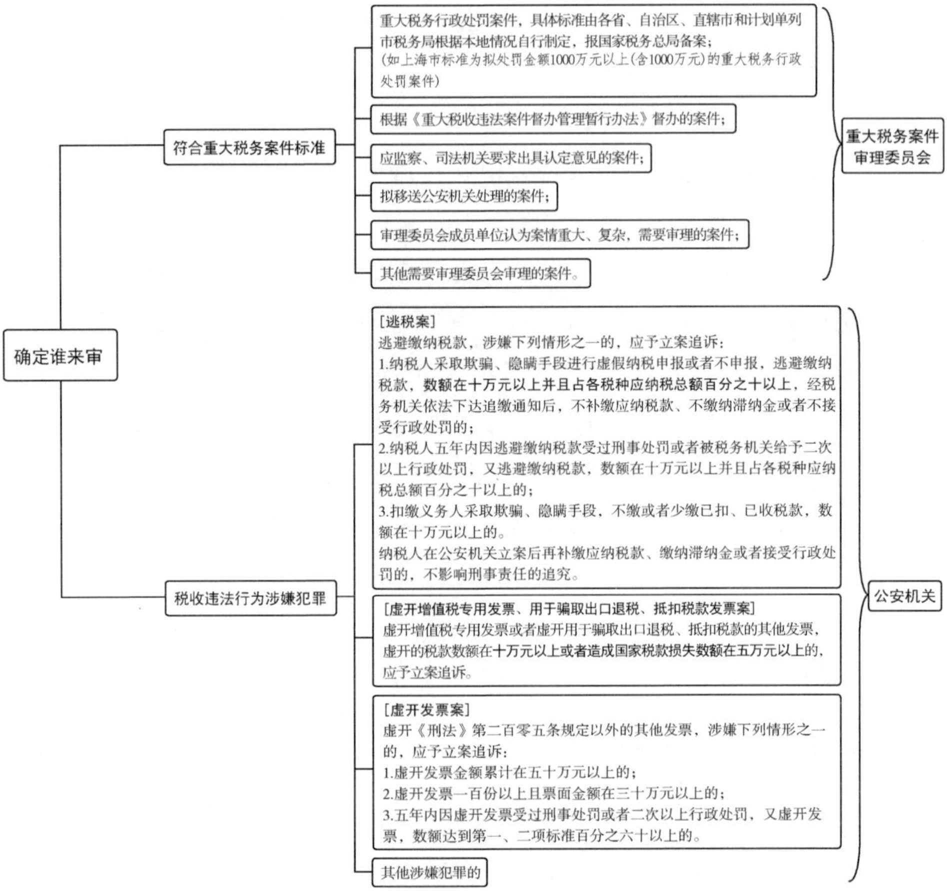

图 13　税收违法行为审理机关

第二步：看看审什么

审理阶段主要进行执法程序与税收违法事实两方面的审理：在执法程序方面，通常会审理执法主体和被稽查对象是否准确、是否符合法定程序、是否超越或滥用职权等；在税收违法事实方面，会审理事实是否清楚，证据是否充分，数据是否准确，资料是否齐全以及适用的相关法规、定性是否正确，税务处理、处罚建议是否适当等。

如果出现被查对象认定错误、税收违法事实不清、证据不足、不符合法定程序、税务文书不规范或不完整等情形的，稽查局应当补正或者补充调查。

第三步:送达并决定

送达:拟对被查对象或者其他涉税当事人作出税务行政处罚的,应当向其送达《税务行政处罚事项告知书》,告知其依法享有陈述、申辩及要求听证的权利。

决定:根据审理情形,作出处理决定

·有税收违法行为,应当作出税务处理决定的,制作《税务处理决定书》;

·有税收违法行为,应当作出税务行政处罚决定的,制作《税务行政处罚决定书》;

·税收违法行为轻微,依法可以不予税务行政处罚的,制作《不予税务行政处罚决定书》;

·没有税收违法行为的,制作《税务稽查结论》。

(二)收到《税务行政处罚事项告知书》,应当怎么做?

根据《行政处罚法》第44条的规定,行政机关在作出行政处罚决定之前,应当告知当事人拟作出的行政处罚内容及事实、理由、依据,并告知当事人依法享有的陈述、申辩、要求听证等权利。

若无异议,静待处罚。

企业在收到《税务行政处罚事项告知书》后,如果认为税务机关指出的违法事实清楚、证据充分,对于其拟作出行政处罚决定没有异议的,可以静待《税务行政处罚决定书》的送达,收到之后按照《税务行政处罚事项决定书》中的要求,自行缴纳相关罚款、滞纳金等。

如有异议,则可及时进行陈述、申辩、申请听证。

认真阅读《税务行政处罚事项告知书》,及时陈述、申辩。

很多企业在选择是否行使陈述、申辩等权利时,会有所犹豫,担心是否会因此导致更为严重的处罚。实际上,《行政处罚法》明确规定"行政机关不得因当事人陈述、申辩而给予更重的处罚"。陈述、申辩权是法律赋予被稽查企业的一种自我辩护的权利,以保障其能有效维护自身合法权益,因此企业应当重视陈述、申辩权的行使。

________税务局（稽查局）

税务行政处罚事项告知书

________税罚告〔　　〕　号

__________________：（纳税人识别号：　　　）

对你（单位）（地址：____________）的税收违法行为拟于____年___月___日之前作出行政处罚决定，根据《中华人民共和国税收征收管理法》第八条、《中华人民共和国行政处罚法》第四十四条、第六十三条、第六十四条规定，现将有关事项告知如下：

一、税务行政处罚的事实、理由、依据及拟作出的处罚决定：____

____

二、你（单位）有陈述、申辩的权利。请在我局（所）作出税务行政处罚决定之前，到我局（所）进行陈述、申辩或自行提供陈述、申辩材料；逾期不进行陈述、申辩的，视同放弃权利。

三、若拟对你罚款2000元（含2000元）以上，拟对你单位罚款10000元（含10000元）以上，或符合《中华人民共和国行政处罚法》第六十三条规定的其他情形的，你（单位）有要求听证的权利。可自收到本告知书之日起五个工作日内向我局书面提出听证申请；逾期不提出，视为放弃听证权利。

图14 《税务行政处罚事项告知书》样例

明确最终期限：收到《税务行政处罚事项告知书》之后，企业要做的第一件事就是用红笔圈出陈述、申辩权以及听证权行使的最终期限，并及时提交相关材料。一般而言，如若未在规定时限内进行陈述、申辩的，被稽查企业会被视为放弃行使该权利，从而痛失维护自己合法权益的机会。

做好陈述、申辩：在明确期限之后，对于《税务行政处罚事项告知书》中提及被稽查企业的税务违法行为的事实、理由、行政处罚决定等内容，如有不同意见的，可以根据企业的实际业务运营情况，并咨询专业人士的意见，向稽查局提供相关的申明材料。

申请税务行政处罚听证程序

根据《税务行政处罚听证程序实施办法（试行）》的规定，当事人要求听证的，税务机关应当组织听证。当事人提出听证后，税务机关发现自己拟作出的行政处罚决定对事实认定有错误或者偏差，应当予以改变，并及时向当事人说明。

可见，听证程序是税务稽查过程中一个重要的维权环节。通过听证程序，被稽查企业可以对稽查局指控的事实及相关问题进行申辩和质证，就事实以及证据的真实性、合法性发表意见，并有可能发现稽查人员的理解错误以及偏差之处，给可能到来的行政处罚减速。对于听证时的申辩重点，可以从以下两个方面入手：

1. 与违法事实相关。一千个读者有一千个哈姆雷特。即使稽查人员在检查阶段收集到的证据是真实合法的，稽查局与企业对此的解读也有可能不同。比如，以总包模式灵工平台举例，其业务实质是从上游 B 端客户总包业务，分包给下游 C 端人员，进而应该开具与总包—分包业务相关的发票，如是技术服务就是技术服务类的发票，设计服务就是设计服务类的发票，然而鉴于商业模式的快速迭代，部分稽查局或许未能完全理解灵工平台的业务模式，进而认为灵工平台仅仅是提供结算服务而非总包服务，从而认定为虚开发票。

在其他稽查阶段中，一般是稽查局起到主导作用，被稽查企业只能被动地配合，无法就业务模式进行详细阐述，因此建议企业抓住听证机会，争取力挽狂澜。

2. 与适用法律相关。如果稽查局对于违法事实的认定存在偏差，那么可能会据此引用错误的法律条款，从而进行不适当的处罚。企业需要在向税务机关厘清业务行为定性的基础上，与其探讨应当适用的法律条款，做到过罚相当。

需要注意的是，听证程序实际上还处于稽查阶段中，如若发现稽查人员的证据不足或者程序违法，是可以进行补足的，因此，可以不在听证程序中提及企业已经掌握的执法程序违规的相关内容，以免作茧自缚。

（三）小结

有效行使权利，维护自身权益。在本部分中，我们系统分析了稽查审理阶段的主要工作内容，并建议企业若收到《税务行政处罚事项告知书》时，应当及时行使陈述、申辩权，并申请听证，以防止税务机关对于案件事实理解上的偏差，维护自身的合法权益。

在下文中，我们将分析企业收到《税务行政处罚决定书》时，还可以采取何种应对措施。

四、"稽查三件套"系列三之《税务行政处罚决定书》

在"'稽查三件套'系列二之《税务行政处罚事项告知书》"部分中，我们厘清了稽查审理阶段的主要工作内容，并提出企业在收到《税务行政处罚事项告知书》时，可以通过行使陈述、申辩权，并申请进行听证程序的方式，维护自身的合法权益。

当"稽查三件套"之《税务行政处罚决定书》出现时，则代表稽查审理已经告一段落，税务机关结合被稽查企业的违法事实等情况，认为有必要作出追缴滞纳金、处以罚款等行政处罚。

可见，当《税务行政处罚决定书》出现时，意味着整个稽查流程已经进入了尾声，被稽查案件在税务机关已经"盖棺定论"，若企业仍旧对《税务行政处罚决定书》不服，可以做些什么呢？

（一）收到《税务行政处罚决定书》意味着什么？

当企业收到《税务行政处罚决定书》时，意味着企业已经进入了税务稽查流程中的最后阶段——执行阶段，在此阶段，企业仍旧有三种执行方式可以选择。

________税务局（稽查局）

税务行政处罚决定书

_____税罚〔 〕 号

________________：（纳税人识别号： ）

经我局（所）________________________________

____，你（单位）存在违法事实及处罚决定如下：

一、违法事实及证据

（一）

1.

2.

（二）

……

上述违法事实，主要有以下证据证明：

1.

2.

3.

……

二、处罚决定

（一）

1.

2.

（二）

……

以上应缴款项共计________元。限你（单位）自本决定书送达之日起____日内到____________缴纳入库（账号：______）。到期不缴纳罚款，我局（所）可依照《中华人民共和国行政处罚法》第七十二条第一款第（一）项规定，每日按罚款数额的百分之三加处罚款。

如对本决定不服，可以自收到本决定书之日起六十日内依法向________________申请行政复议，或者自收到本决定书之日起六个月内依法向人民法院起诉。如对处罚决定逾期不申请复议也不向人民法院起诉、又不履行的，我局（所）有权采取《中华人民共和国税收征收管理法》第四十条规定的强制执行措施，或者申请人民法院强制执行。

税务机关（印章）

年 月 日

图 15 《税务行政处罚决定书》样例

方式一：自行缴纳

如果企业对于税务机关作出的行政处罚没有异议，或者在排查历史风险时，认为企业的相关税务风险较大的，应积极主动地按照《税务行政处罚决定书》中通知的缴纳期限自行缴纳相关罚款、滞纳金等，如若逾期，将按照罚款数额的3%加处罚款。

如若企业确有经济困难，需要延期或者分期缴纳罚款的，可向稽查局提出申请，经税务局局长批准后，可以暂缓或者分期缴纳。

方式二：行政复议/行政诉讼

行政复议/行政诉讼实质上都可以起到防止和纠正不当的具体行政行为的作用，以保护公民、企业的合法权益。企业如对税务机关的处罚决定、强制执行措施或者税收保全措施不服的，可以依法申请行政复议，也可以依法向人民法院起诉。

行政复议/行政诉讼作为被稽查企业“最后的希望”,我们将在下文进行详述。

方式三:强制执行

如若企业具备了强制执行的触发要件,经县以上税务局局长批准,稽查局可以依法强制执行,或者依法申请人民法院强制执行。

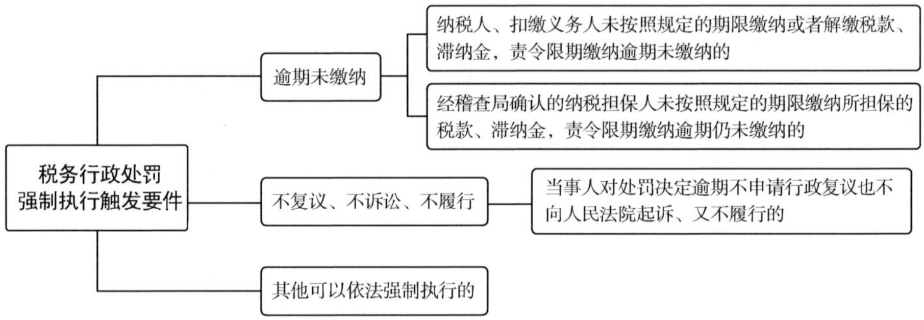

图16　税务行政处罚强制执行触发要件

作出强制执行决定前,税务机关会向企业送达催告文书,并听取企业的陈述、申辩意见,经催告,仍不履行行政处罚决定且无正当理由的,实施强制执行。催告期间,若税务机关有证据证明企业有转移或者隐匿财物迹象的,可加速强制执行进程。

强制执行措施主要有两种:

(1)直接扣款。稽查局采取从被执行人开户银行或者其他金融机构的存款中扣缴税款、滞纳金、罚款的方式;

(2)查扣拍卖。稽查局采取查封、扣押被执行人商品、货物或者其他财产,并进行拍卖、变卖的方式,以拍卖、变卖所得抵缴税款、滞纳金、罚款。

(二)行政复议/行政诉讼——最后的希望

上文中我们提到,如若企业仍旧对于《税务行政处罚决定书》中作出的行政处罚决定不服的,可以提起行政复议或者行政诉讼,作为企业能够力挽狂澜的“最后的希望”。

1. 税务行政复议的规则概览。

行政复议，相当于行政执法领域的“告家长”——企业对于税务局作出的行政处罚决定不服，可以向其上一级税务局申请行政复议①，和直接“上公堂”（行政诉讼）比起来，行政复议是一种比较温和、灵活的方式，并且是免费的。

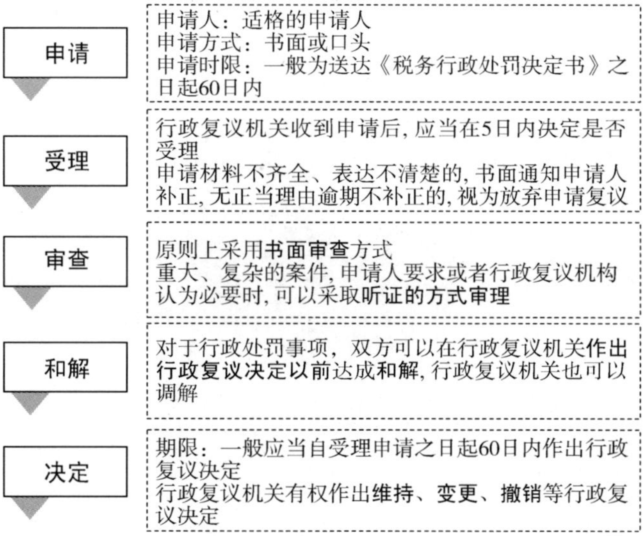

图 17　税务行政复议流程图

2. 税务行政诉讼的关键作用。

企业在申请行政诉讼时，往往心中惴惴不安，认为民告官的案子很难胜诉。实际上，行政诉讼在维护企业的合法权益上，能够起到关键作用。

在比例上，稽查局的败诉率显著高于其他税务机关。

根据德恒律师事务所发布的《2020 年中国税务行政诉讼大数据分析报告》②显示，2020 年，税务行政诉讼案件约为 798 个，其中稽查局作为被诉主体的案件大约有 168 个，占比为 21%。

---

① 税务行政复议中，实际的申请人与被申请人规则比较复杂，在此仅以最常见的情形简单列举。

② 载德恒律师事务所网 2021 年 6 月 17 日，http://www.dhl.com.cn/CN/tansuocontent/0008/021815/7.aspx。

其中稽查局胜诉率74%（税务行政诉讼中，税务机关平均胜诉率为79%），败诉率14%（税务行政诉讼，税务机关平均败诉率为8%），撤诉率12%。由于稽查相关的税款追缴和行政罚款往往金额较大，案情复杂，很容易在事实认定、证据收集、法律适用和执法程序上引起争议，因此，稽查局的败诉率显著高于其他税务机关。

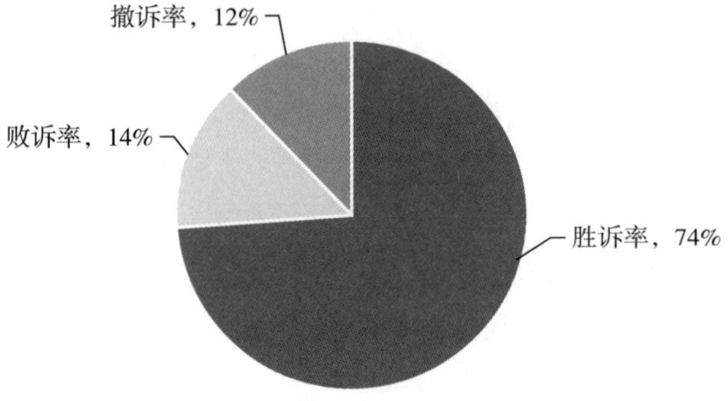

图18　稽查局行政诉讼裁判结果

（1）提起税务行政诉讼应当符合的条件：

①原告是行政行为的相对人以及其他与行政行为有利害关系的公民、法人或者其他组织等适格原告；

②有明确的被告；

③有具体的诉讼请求和事实根据；

④属于人民法院受案范围和受诉人民法院管辖。

自“登记立案”原则确立后，企业提起行政诉讼时，只要形式要件上符合规定，法院就应登记立案，减少了之前立案环节的实体审查，惠及更多企业。

（2）一审普通程序审理流程与举证责任。

一般而言，人民法院应当在立案之日起5日内，将起诉状副本发送行政机关；行政机关应当在收到起诉状副本之日起15日内向人民法院提交作出行政行为的证据和所依据的规范性文件，并提出答辩状（不提出答辩状的，不影响审理）；人民法院应当在收到答辩状之日起5日内，将答辩状副本发送原告企业；随后进行审理，作出裁判。

同时,需要注意的是,在行政诉讼的举证责任中,与民事诉讼“谁主张、谁举证”的原则不同,行政诉讼中举证责任主要由被告(行政机关)来承担。被告对作出的行政处罚等行为负有举证责任,如若不提供或者无正当理由逾期提供证据,视为没有相应证据。并且在诉讼过程中,被告不得自行再次收集证据。此种举证责任的分配规定主要是促使税务机关在作出行政行为时合规合法、程序正当,以保障企业的合法权益。

(3)法院裁判结果。

经过审理,如若法院认为税务机关作出的行政处罚决定存在主要证据不足、适用法律法规错误、违反法定程序、超越职权、滥用职权、明显不当等情形的,可以判决撤销或者部分撤销行政处罚决定,并可以判决重新作出行政行为。

如若行政行为程序轻微违法,但对其他权利不产生实际影响的,可以不撤销行政处罚决定。

(三)小结

在本部分中,我们分析了被稽查企业在收到《税务行政处罚决定书》后可能会面临的三种执行方式,以及税务行政复议与行政诉讼的基本规则。

在“稽查三件套”系列文章中,我们以被稽查企业可能会收到的“三件套”——《税务检查通知书》《税务行政处罚事项告知书》《税务行政处罚决定书》为线索,分析企业在不同税务稽查阶段可以采取的应对方略。

对于税务合规,我们建议,企业应当把功夫下在事前,把合规理念嵌入日常业务运营中,如若企业在财务及税务法律知识方面比较薄弱,可与专业机构合作,进行日常合规“体检”,及时填补风险漏洞。如若发生稽查事件,考虑到税务稽查事宜专业性较强,门槛较高,亦建议企业在《税务检查通知书》来敲门时,就聘请专业律师,协助梳理企业的历史法律风险,准确判断企业可能面对的违法后果,采用合理合法的措施维护企业权益,进而促成税务争议的圆满解决。

同时,在对于律所、财税咨询公司等涉税中介机构的选择上,考虑到税务机关已加强对于涉税中介机构线上推广行为的监管,企业不要被部分不法中介机构发布的涉税虚假宣传、不实信息、歪曲解读税收政策的言论迷惑,轻信其“关系硬、效果好、稳定性高”的保证,导致企业选择了违法的税收筹划方案或者稽查应对措施,加大了自身风险。

五、虚开专票究竟是什么:破解虚开专票的迷局

第五章中,我们从核心流程分析了税务稽查的整个过程以及基础应对策略。下文中我们分不同主题,通过司法实践案例对虚开发票犯罪进行全面深度剖析,将带您了解:虚开发票刑事违法与行政违规的边界,虚开发票犯罪的罪与非罪、此罪与彼罪、单位与个人犯罪、量刑情节以及合规不起诉制度应用等多维度“迷局”以及破解之道。

2022 年 4 月 2 日,最高人民检察院会同全国工商联专门召开会议,正式“官宣”——在全国全面推开涉案企业合规改革试点,这无疑是保护民营企业发展的重大利好消息。

根据中国企业家犯罪预防研究中心发布的数据,在企业家犯罪的高频罪名中“虚开增值税专用发票罪”高居第四,已成为企业家刑事风险防控中的难点、痛点。

以 2021 年某主播被杭州市税务局依法追缴税款、加收滞纳金及罚款总计 13.41 亿元的重大税务违规案件为代表,近年来,国家在着力保护民营经济的同时,也不断提升打击涉税违法、违规行为的决心和力度。

那么,在涉税犯罪中,合规改革还能成为民营经济保驾护航的“良方”吗?

为打通虚开发票问题的“任督二脉”,助力企业解决风控痛点,我们对虚开发票相关法律法规、案例等进行了检索和梳理,以 2021 年 4 月至 2022 年 4 月审结的虚开发票犯罪典型案例为基础,剖析虚开发票犯罪的各类疑难杂症,拨开虚开发票犯罪的云雾,帮助企业迎来经营的朗朗晴空!

六、虚开专票盲点之一:涉税犯罪与行政违规的边界在哪儿?

在上部分中,我们明确了将聚焦于剖析虚开专票犯罪既往司法实践案例,以提出破解之道。本部分中,我们将分析涉嫌虚开企业最为关注的问题:究竟是属于虚开发票的行政违规行为还是构成了刑事犯罪行为?将面临的是行政罚款还是刑事处罚?

(一)移送公安 VS 改判无罪:涉税犯罪边界的起起落落

以下两个有关虚开增值税专用发票案例的显著对比,体现出虚开行为行政与刑事的转化迷局:

案例一:涉嫌犯罪,移送司法机关!

2022 年 5 月,国家税务总局山西省税务局公布了一批涉虚开增值税专用发票的重大税收违法失信案件信息,并且其中绝大部分案件被移送司法机关,进入刑事程序。

案例二:再审推翻,最终改判无罪!

王某虚开增值税专用发票案①,历时 7 年,终于在 2021 年 5 月 20 日,由山东省高级人民法院改判无罪。

【基本案情】

被告王某经营货车运输业务,为向收货单位(中石油某公司)结算运费,以支付开票费的方式委托无代开发票资格的路路通公司开具发票,被认为涉嫌虚开专票。

· 被告王某经营货车运输业务,为中石油某公司提供运输服务;

· 中石油某公司要求王某出具具有抵扣税款功能的运输发票方能结算运费;

---

① 山东省高级人民法院刑事判决书,(2021)鲁刑再 4 号。

·为结算运费,王某在与路路通公司无实际业务往来的情况下,以支付4.6%开票费的方式,从路路通物流公司多次开具运输发票,至2010年12月虚开税款数额167,777.96元,已全部被抵扣。

【判决结果】

·2014年5月26日,山东省沂源县人民法院一审判决:王某应按虚开用于抵扣税款发票罪定罪处罚,判处有期徒刑2年,缓刑2年,并处罚金人民币10万元;

·2021年5月20日,山东省高级人民法院再审判决:撤销一审判决,原审被告人王某无罪。

【改判核心原因】

山东省高级人民法院在判决书中强调:被告人王某提供了真实的运输业务,并且主观上没有骗取抵扣税款的犯罪故意,客观上既没有用于自己抵扣税款,也没有让他人以此非法抵扣国家税款,没有造成国家税款的损失,不构成虚开用于抵扣税款发票罪。

同时,也指出王某让不具有代开票资格的路路通公司为自己代开具有抵扣税款功能的发票,其行为危害了税收征管制度,具有行政违法性。

同样是虚开专票行为,有的稽查后移送司法机关,有的再审改判无罪,那么虚开专票的入罪标准究竟是什么呢?

(二)立案标准VS出罪标准:为何移送?为何改判?

1.立案标准:虚开专票行为+达到立案金额=立案追诉。

(1)虚开专票行为。根据《刑法》的规定,虚开增值税专用发票或者虚开用于骗取出口退税、抵扣税款的其他发票,是指有为他人虚开、为自己虚开、让他人为自己虚开、介绍他人虚开行为之一的;

(2)达到立案金额。根据2022年5月15日生效的《最高人民检察院 公安部关于公安机关管辖的刑事案件立案追诉标准的规定(二)》的规定,虚开增值税专用发票或者虚开用于骗取出口退税、抵扣税款的其他发票,虚开的税款数额在 10 万元以上或者造成国家税款损失数额在 5 万元以上的,应予立案追诉。

也就是说,只要稽查局发现企业具有虚开专票行为,并且达到立案标准的金额,认为被稽查对象的虚开行为涉嫌犯罪的,就可以依法移送司法机关处理,如案例一所示。

2. 出罪标准:非骗税目的 + 未造成国家税款损失≈不构成犯罪。

2018 年 12 月 4 日,最高人民法院发布《人民法院充分发挥审判职能作用保护产权和企业家合法权益典型案例(第二批)》,其中"张某强虚开增值税专用发票案"中明确指出:"不具有骗取国家税款的目的,未造成国家税款损失,其行为不构成虚开增值税专用发票罪。"

2020 年 7 月 22 日,最高人民检察院发布的《最高人民检察院关于充分发挥检察职能服务保障"六稳""六保"的意见》规定:"依法慎重处理企业涉税案件。注意把握一般涉税违法行为与以骗取国家税款为目的的涉税犯罪的界限,对于有实际生产经营活动的企业为虚增业绩、融资、贷款等非骗税目的且没有造成税款损失的虚开增值税专用发票行为,不以虚开增值税专用发票罪定性处理,依法作出不起诉决定的,移送税务机关给予行政处罚。"

可见,最高人民法院与最高人民检察院分别以典型案例、司法文件等形式明确了出罪标准,即如果稽查局认定被稽查对象虚开行为涉嫌犯罪、移送司法机关后,若其主观上为非骗税目的、客观上未造成国家税款损失,检察机关可以依据此"出罪标准"不起诉,或法院依法判处无罪,如案例二所示。

但需要注意的是,上述出罪标准,法律效力层级尚未上升至法律或司法解释,且司法实践中案情往往十分复杂,主观上"非骗税目的"与客观上"未造成国家税款损失"的认定标准也比较模糊,仍存在无法"出罪"的可能,该出罪标准也只能"约等于"不构成犯罪。

(三)小结

我们通过以上两个案例的分析,明确了虚开增值税专用发票的刑事犯罪与行政违规的边界，明确了由行政转为刑事的立案标准（虚开专票行为+达到立案金额=立案追诉）与刑事转为行政的出罪标准（非骗税目的+未造成国家税款损失≈不构成犯罪），下文中，我们将聚焦于进一步解读虚开专票行为的"罪与非罪"，明确造成国家税款损失的判断标准。

七、虚开专票盲点之二：如何判断造成国家税款损失？

在上部分中，我们分析了虚开增值税专用发票罪的出罪标准：非骗税目的+未造成国家税款损失≈不构成犯罪。那么，"未造成国家税款损失"究竟如何认定？本部分我们将通过案例分析，详述当下的司法认定趋势。

（一）案例分析：何种情况下构成"国家税款损失"？

灵活用工行业基于其行业特性，往往存在较高的税务风险，那么，在何种情况下会构成"国家税款损失"？

灵工模式下，B 端企业将部分业务总包至 P 端灵工平台，P 端灵工平台分包至 C 端（可能是难以开具专票的自然人，且数量较大），由 C 端实际向 B 端提供服务，P 端灵工平台就其总包的业务向 B 端开专票，P 端将 C 端开具的发票或银行结算凭证作为入账凭证，具体如图 19 所示：

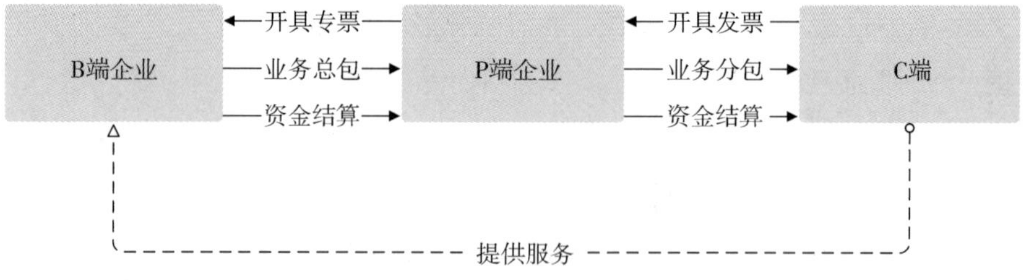

图 19　灵工平台业务流程图

在此种模式下，如若主管税务机关认为 B 端企业与 P 端平台间的业务真实性存疑，认为 P 端涉嫌虚开增值税专用发票行为，对于 P 端而言，"未造成国家税款损失"就是一个重要的出罪要件，但司法实践的认定较为模糊，我们在此总结如下：

1. 仅 P 端虚开，B 端未抵扣：未造成国家税款损失。

结合增值税性质分析，其系对真实交易环节中商品产生的增值部分征收增值税，假定没有真实交易，P 端虚开且不缴纳销项增值税不会造成国家税款损失，因此，只有在 B 端进行不实抵扣才有可能导致税款损失。

长沙的一个税务处理决定书证实仅虚开无需缴纳增值税的观点：

国家税务总局长沙市税务局第三稽查局

税务处理决定书

长税三稽处〔2022〕34 号

[redacted]

我局于 2022 年 1 月 26 日起对你单位（地址：长沙市岳麓区[redacted]）2020 年 11 月 24 日至 2021 年 12 月 31 日期间涉嫌虚开发票情况进行了检查，违法事实及处理决定如下：

一、违法事实

你单位 2021 年 5 月 25 日集中开具增值税专用发票 25 份（发票代码 430020[redacted]、发票号码 0006[redacted]~0006[redacted]，金额 2371380.48 元，税额 308279.52 元，价税合计 2679660 元），你单位虚构交易业务，发票开具的销售行为虚假，查证如下：

你单位已走逃（失联），公司及相关人员均查无下落；无实际生产经营场所，不存在实际生产经营活动；银行账户信息虚假，无资金交易信息；购销服务不匹配，背离生产经营常规；未申报规避检查。

二、处理决定及依据

你单位开具的增值税专用发票 25 份，无真实生产经营业务，本质上并没有增值税应税行为发生，因此不产生相应的增值税纳税义务，虚开的增值税发票不缴纳增值税。

图 20　长税三稽处[2022]34 号　税务处理决定书

2. P 端虚开 + P 端未全额纳税 + B 端全额抵扣。

比较典型的案例是"暴力虚开"行为，即企业不存在实际上的经营行为，也不纳税，开完票就跑路，受票方用该发票进行抵扣。在此种情况下，司法实践的认定较为一致，一般会认定为造成国家税款损失，构成虚开增值税专用发票罪，在此不多加赘述。

3. P 端虚开 + P 端全额纳税 + B 端全额抵扣。

(1)部分法院认为,该行为未造成国家税款损失。

如四川省宜宾市中级人民法院在审理李某甲、李某乙犯虚开增值税专用发票罪案[①]中,就认定李某甲、李某乙的行为不应构成虚开增值税专用发票罪。

【基本案情】

2012 年 5 月,丰源煤业(集团内煤炭销售主体)子公司椰雅煤业(集团内煤炭开采主体)开采、生产的煤炭产量超出了许可范围,无法将多余的大量煤炭对外销售。

2012 年 5 月至 9 月,李某甲、李某乙工作的板厂沟煤矿停产,但 2012 年度仍然具有 2000 余吨的生产指标,丰源煤业遂找到李某甲,要求李某甲将椰雅煤业超额生产的煤矿以板厂沟煤矿的名义向丰源煤业销售,并由板厂沟煤矿向丰源煤业开具增值税专用发票,由丰源煤业从椰雅煤业运煤。

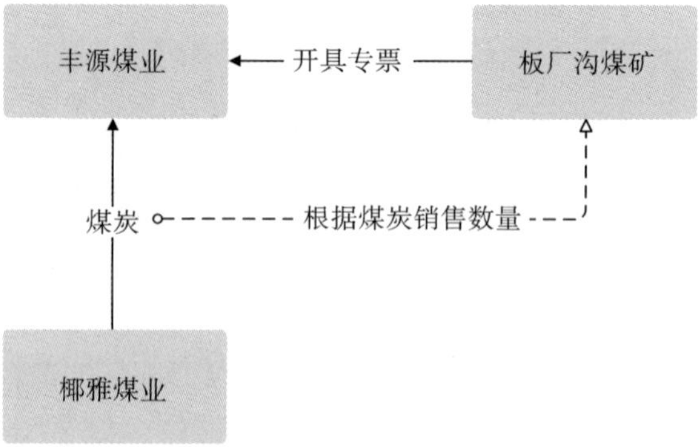

图 21　丰源煤业、椰雅煤业、板厂沟煤矿虚开专用发票流程

李某甲同意后,李某乙按照椰雅煤业向丰源煤业实际的销售数量和货款金额,以板厂沟煤矿为开票方向丰源煤业开具增值税专用发票共 38 份,开票金额共计 4,148,258.40 元,其中,增值税额共计 602,738.40 元。丰源煤业取得板

---

① 四川省宜宾市中级人民法院刑事裁定书,(2016)川 15 刑终 113 号。

厂沟煤矿为其开具的增值税专用发票后全部向主管税务机关申报认证抵扣。

2012年5月至2013年11月15日，板厂沟煤矿实际缴纳增值税共计1,810,902.63元(包括向其他公司销售的部分)，无多缴、欠缴。

【判决结果】

四川省宜宾市中级人民法院认为，就虚开增值税专用发票罪而言，如果根本没有造成国家税收流失的可能，则不具有危害国家税收征收管理的严重社会危害性。

就本案而言，被告李某甲、李某乙基于解决其所控制的椰雅煤业公司超能生产煤炭对外销售的实际问题，利用板厂沟煤矿具有煤炭生产指标的有利条件，虚增了板厂沟煤矿向丰源煤业这一交易环节并开具专票。虽与实际交易行为不符，但行为人主观上没有偷逃国家税款的目的，而是为了促成超产煤炭的外销，根据销售煤炭数量如实向国家上缴了增值税和相关规费，即使在下一销售环节将增值税发票进行抵扣，客观上也不会造成国家税款流失。因此不应构成虚开增值税专用发票罪。

(2)部分法院认为，该行为造成国家税款损失。

如辽宁省大连市中级人民法院审理丁某、蔡某某等虚开增值税专用发票、用于骗取出口退税、抵扣税款发票案[①]，应认定丁某、蔡某某构成虚开增值税专用发票罪。

【基本案情】

被告人丁某利用多人的身份证信息，注册了多家公司并由其个人实际控制，既虚开进项发票，又虚开销项发票，在虚开进项发票时，丁某要求蔡某某利用其在G公司任职的便利，将自然人W从G公司购买商品又不需要发票的"富余票"向丁某开具，虚开税额共计7,300,870.82元，丁某公司均认证抵扣。其中"票、货、款"流转如下：

① 辽宁省大连市中级人民法院刑事判决书，(2021)辽02刑终403号。

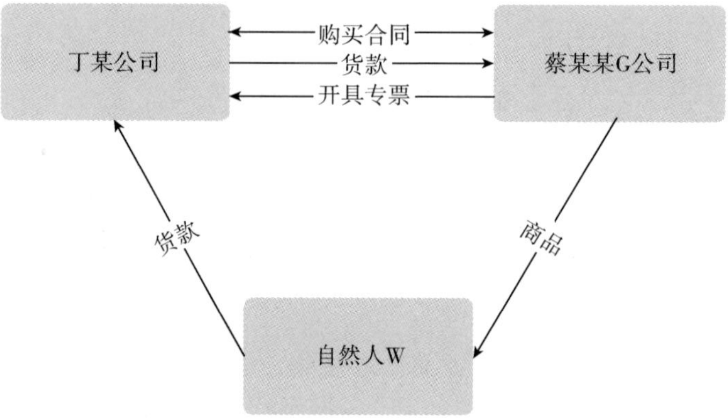

图 22　丁某公司、蔡某某 G 公司与自然人 W 虚开票、货、款流转图

【判决结果】

法院认为,本案真实货主为自然人 W,丁某本身自始至终没有抵扣税款的资格。从货物真实流转的角度分析,案涉货物可能属于消耗品,不应再次进入流通领域,可能真实货主不具有抵扣税款的资质,丁某通过让他人虚开的形式获得了进项发票,结合其向外虚开的销项发票,进行了实际抵扣,已经造成国家税款损失。丁某、蔡某某均构成虚开增值税专用发票罪。

(二)小结

我们对"未造成国家税款损失"这一重要的出罪标准进行了案例分析,明确仅开票方虚开、受票方未抵扣的情况下,一般符合该出罪要件。但受票方进行了抵扣,则要分情况讨论:若开票方全额纳税了,司法实践中存在是否涉罪的争议;若开票方未全额纳税,则会比较一致地构成"造成国家税款损失"情节。

八、虚开专票盲点之三:不以骗取国家税款为目的、未造成国家税款损失,如何认定?

2018 年 12 月 4 日,最高人民法院发布的系列指导案例[①]中,“张某强虚开增值税专用发票案”[②]明确指出:“不具有骗取国家税款的目的,未造成国家税款损失,其行为不构成虚开增值税专用发票罪”。

随着张某强案的发布,众多企业实控人着实松了一口气,仿佛在复杂多变的虚开专票案中看到了一盏指路明灯,但是“造成国家税款损失”认定标准比较模糊(详见本书第五章之“虚开专票盲点之二:如何判断造成国家税款损失?”部分的相关内容),出罪要件不清,实控人难免再次紧张起来。

因此,本部分采用案例对比的方式,将先行分析被改判无罪的张某强案虚开模式及出罪要件,再与一个相反案例进行比较,分析被判定有罪的丁某案虚开模式及入罪原因。

(一)案例简介:张某强虚开增值税专用发票案

张某强虚开增值税专用发票案,在张某强未上诉的情况下,最高人民法院裁定发回重审,最终由二审法院改判无罪。

【基本案情】

2004 年,被告人张某强与他人合伙成立个体企业某龙骨厂。因某龙骨厂系小规模纳税人,无法为购货单位开具增值税专用发票,张某强遂以他人开办的鑫源公司名义对外签订销售合同。2006 年至 2007 年,张某强先后与六家公司签订轻钢龙骨销售合同,购货单位均将货款汇入鑫源公司账户,鑫源公司为上述六家公司开具增值税专用发票共计 53 张,价税合计 4,457,701.36 元,税额 647,700.18 元。基于以上事实,某州市人民检察院指控被告人张某强犯虚

---

① 参见《人民法院充分发挥审判职能作用保护产权和企业家合法权益典型案例(第二批)》。

② 参见最高人民法院刑事裁定书,(2016)最高法刑核 51732773 号。

开增值税专用发票罪。

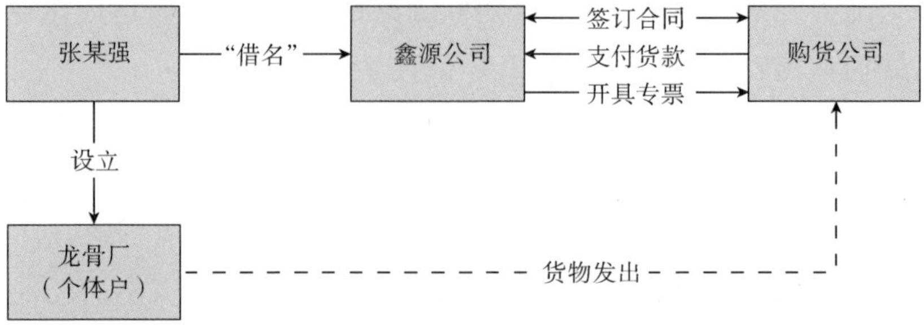

图 23　张某强案票、货、款流转图

【判决结果】

·一审判决:某州市人民法院一审认定被告人张某强构成虚开增值税专用发票罪,在法定刑以下判处张某强有期徒刑 3 年,缓刑 5 年,并处罚金人民币 5 万元。

·最高人民法院经复核裁定:不核准并撤销一审刑事判决,将本案发回重审。

·二审改判:经某州市人民法院重审后,依法宣告张某强无罪。

【改判核心原因】

最高人民法院经复核认为,被告人张某强以其他单位名义对外签订销售合同,由该单位收取货款、开具增值税专用发票,不具有骗取国家税款的目的,未造成国家税款损失,其行为不构成虚开增值税专用发票罪,一审认定张某强构成虚开增值税专用发票罪属适用法律错误。

(二)案例分析:为何张某强案能被改判无罪?

张某强案,属于典型的“借名经营、有货代开”模式,2015 年,《最高人民法院研究室〈关于如何认定以“挂靠”有关公司名义实施经营活动并让有关公司为自己虚开增值税专用发票行为的性质〉征求意见的复函》(法研〔2015〕58 号)中指出:行为人利用他人的名义从事经营活动,并以他人名义开具增值税专用发票的，即便行为人与该他人之间不存在挂靠关系，但如行为人进行了实际的经营活动，主观上并无骗取抵扣税款的故意，客观上也未造成国家增值税款损失的，不宜认定为《刑法》第205条规定的“虚开增值税专用发票”；符合逃税罪等其他犯罪构成条件的，可以其他犯罪论处。

2020年，《最高人民检察院关于充分发挥检察职能服务保障“六稳”“六保”的意见》（高检发〔2020〕10号）指出：注意把握一般涉税违法行为与以骗取国家税款为目的的涉税犯罪的界限，对于有实际生产经营活动的企业为虚增业绩、融资、贷款等非骗税目的且没有造成税款损失的虚开增值税专用发票行为，不以虚开增值税专用发票罪定性处理，依法作出不起诉决定的，移送税务机关给予行政处罚。

综上，我们分析张某强案能够改判，主要具备以下要件：

1. 真实经营：虽为借名，但进行了实际的经营活动。

该要件的核心要素为需具备真实的货物购销或提供应税劳务行为，即业务必须是真实的。在张某强案中，张某强虽借用鑫源公司名义签订合同、开具发票，但其自身经营的龙骨厂真实地销售了货物。

2. 如实开具：依据实际经营活动的交易金额如实开票。

根据《最高人民法院关于适用〈全国人民代表大会常务委员会关于惩治虚开、伪造和非法出售增值税专用发票犯罪的决定〉的若干问题的解释》的规定，有货物购销或者提供或接受了应税劳务但为他人、为自己、让他人为自己、介绍他人开具数量或者金额不实的增值税专用发票的，属于“虚开增值税专用发票”。

因此，在“借名经营、有货代开”亦必须依据实际销售的货物/提供的应税劳务的金额进行开票，否则依旧具备涉嫌虚开增值税专用发票的风险。

3. 依法完税：开票方如实缴纳增值税。

根据增值税流转的原理，增值税流转中存在上家缴纳增值税与下家以进项税抵扣销项税的两个环节，一般而言，只有在受票方将该不应进行抵扣的发票进行了进项抵扣、同时开票方不缴或少缴销项税款，才能产生国家税款损失的后果或危险。

在张某强案中，虽由鑫源公司向购货公司开具增值税专票，只要其如实开具、依法完税，便不会给国家税款造成损失。

（三）案例对比："借名经营、有货代开"与"富余票代开"模式的区别

在上文中，我们提到过"富余票代开[①]"模式的案例，即：

丁某要求蔡某某利用其在G公司任职的便利，将自然人W从G公司购买商品又不需要发票的"富余票"向丁某开具，虚开税额共计7,300,870.82元，丁某公司均认证抵扣。法院最终判定丁某、蔡某某均构成虚开增值税专用发票罪。

本案与张某强案乍看相似，都具备真实货物交易且票货分离，然而最终裁判结果完全相反，我们分析如下：

（1）张某强案中，购货公司真实地支付了货款，购买了货物，即使张某强未借鑫源公司名义开票，也有权请税务机关代开增值税专用发票，购货公司有资格取得合规的发票抵扣税款，进行抵扣不会造成国家税款损失；

（2）丁某案中，法院认为有资格取得发票的是真实货主——自然人W，丁某本身自始至终没有抵扣税款的资格，通过让他人虚开的形式获得了进项发票，进行了实际抵扣，已经造成国家税款损失。

（四）小结

本部分中，我们分析了张某强案"借名经营、有货代开"模式下的出罪要点，即需要具备实际的经营活动、依据实际经营活动的交易金额如实开票、开票方如实缴纳增值税，三者缺一不可；并将该模式与"富余票代开"模式进行对比，分析了不同模式下法院的裁判思路，即受票方是否有资格进行抵扣。在下

---

① 富余票代开，即在销售方日常销售过程中，因存在许多消费者不要求开具发票的情形，致使销售方拥有足额的进项发票但空出大量的富余销项票，由此将富余的销项发票向无真实业务往来的其他公司开具的现象。

文，我们将进一步分析，为规避个税虚开增值税专用发票套取利润是否构成虚开。

九、虚开专票盲点之四：为规避个税虚开专票套取利润是否构成犯罪？

在上文，我们通过正反案例对比的方式，分析了法院对于不同虚开模式下“未造成国家税款损失”这一客观要件的裁判思路。

那么，就主观目的而言，以逃避缴纳个税为目的的虚开专票行为，是否属于“不以骗取国家税款为目的”这一出罪标准？我们着重分析检察机关公布的不起诉案件，明确其为何对于以规避个税目的虚开专票案作出不起诉决定。

（一）案例简介：王某某虚开增值税专用发票案①

本案被告王某某经营 B 经营部，刘某、陈某、池某是 A 公司股东（以下简称三股东），三股东为了套取 A 公司资金进行股东分红，在没有真实货物交易的情况下，要求王某某向 A 公司开具增值税专票。检察机关认为王某某行为不构成犯罪，作出不起诉决定。

【基本案情】

A 公司主要业务为广播电视传输基本业务，税务部门认定免征增值税。

2015 年 10 月至 2016 年 3 月，三股东商议由陈某经办，在没有真实货物交易的情况下向王某某经营的 B 经营部“走账”464 万元，并将上述资金全部用于股东分红。

其间，根据三股东要求，王某某利用 B 经营部向 A 公司虚开了 4 张增值税专用发票，税额 65,279.72 元，税价合计 2,241,270 元。王某某共向长沙市税务部门缴纳增值税、企业所得税、教育附加税、城建附加税等共计 77,846.4 元，

---

① 案号：攸县人民检察院不起诉决定书（攸检一部刑不诉〔2021〕10 号）。

收取了5万元开票费用。该4张增值税专用发票均已由A公司抵扣认证，抵扣金额65,279.72元。

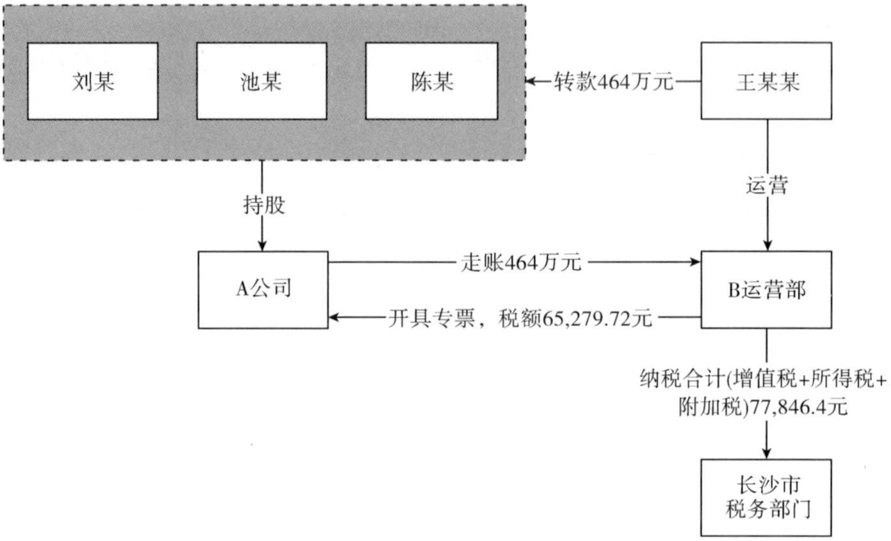

图24　王某某利用B经营部开票示意图

【检察院认定】

2021年3月30日，攸县人民检察院认定，王某某应A公司股东要求，在没有真实货物交易的情况下，为A公司虚开专票，其目的是帮助A公司股东逃避缴纳所得税，而非逃避缴纳增值税，且未造成增值税的实际损失。

根据《最高人民法院关于湖北汽车商场虚开增值税专用发票一案的批复》，被告单位和被告人虽然实施了虚开增值税专用发票的行为，但主观上不具有偷骗税款的目的，客观上亦未实际造成国家税款损失，其行为不符合《刑法》规定的虚开增值税专用发票罪的犯罪构成，不构成犯罪。王某某的上述行为，情节显著轻微、危害不大，不构成犯罪，决定对王某某不起诉。

（二）案例分析：以逃避个税为目的的虚开必然无罪？

对于上述王某某虚开专票不起诉案例，我们分析其不起诉原因及需要注意的提示要点如下：

【不起诉原因】

1. 非骗税目的。本案中，检察院认为王某某虚开专票的目的不是逃避缴纳增值税，而是帮助攸县 A 公司的股东逃避缴纳个人所得税，主观上不具备骗取国家税款的目的。

2. 未造成国家税款损失。结合增值税性质，其系对真实交易环节中商品产生的增值部分征收增值税，增值税的抵扣链条环环相扣。本案属于“受票方抵扣、开票方全额纳税”的虚开情形，并且受票方被税务部门认定“免征增值税”，就国家整体税收而言，即使存在虚开行为，亦不会造成国家税款损失。

【案例对比】

并不是所有以逃避缴纳个税为目的的虚开专票行为都能像王某某一样，被认定为无罪，比如罗某虚开增值税专用发票、用于骗取出口退税、抵扣税款发票案[①]：

【基本案情】

Z 公司准备引进彭某担任总裁，并支付彭某一笔人才引进费。为减少彭某的个人所得税，Z 公司员工与彭某对接，确定了通过第三方公司“走账”的方式套取资金、支付人才引进费。

Z 公司员工联系本案被告罗某，通过罗某控制或联系的第三方公司“走账”并向其支付开票费。

于是，本案被告罗某在无真实业务往来的情况下，通过其控制或联系的第三方公司与 Z 公司签订虚假合同、收取费用，并向 Z 公司虚开专票，价税合计人民币 5,000,000 元，税额合计 145,631.06 元，Z 公司已抵扣。

---

① 上海市黄浦区人民法院刑事判决书，(2020) 沪 0101 刑初 557 号。

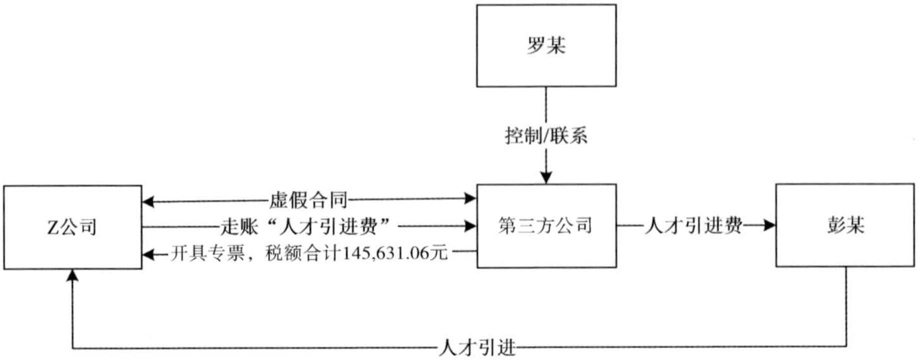

图 25　Z 公司通过第三方公司走账示意图

【判决结果】

法院认为,被告人罗某为他人及介绍他人虚开增值税专用发票,致使国家税款受骗,其行为已构成虚开增值税专用发票罪,依法应予刑事处罚。判处有期徒刑 8 个月 15 日,并处罚金人民币 5 万元,扣押在案的违法所得予以没收。

为何同样是以逃避个税为目的并通过“走账”方式虚开,一个不起诉、一个判有罪?

在王某某案中,即使检察机关未在不起诉决定书的案件分析部分明确说明,我们认为,受票方属于“免征增值税”企业是检察机关作出无罪认定的重要前提条件,这表明了即使受票方抵扣了税款,从国家整体税收角度来讲,仍不会造成国家税款损失;在满足这一客观原则的前提下,再行判断是否具备骗取国家税款的主观目的,若不具备逃避缴纳增值税的目的就可出罪。

而罗某某案,由于受票方进行了抵扣且不属于免征增值税企业,抵扣行为造成了国家税款损失,不满足客观无罪要件;那么即使主观目的也是逃避个税而非增值税,依旧会被认定构成虚开增值税专用发票罪。

(三)小结

在本部分中,我们分析了检察院对王某某为规避个税虚开专票套取利润案作出不起诉决定的原因，即王某某主观上是为了帮助他人逃避缴纳个税而非增值税，客观上开票方全额纳税、受票方属于“免征增值税”主体，未造成国家税款损失。

此外，我们也提示受票方能“免征增值税”是作出无罪认定的重要前提条件，对于虚开专票行为，司法机关会首先判断是否满足未造成国家税款损失这一客观条件，再进行是否构成不以骗税为目的的主观判断，二者皆满足才可出罪。

下面，我们将重点分析虚开是否产生纳税义务。

十、虚开专票盲点之五：虚开是否产生纳税义务

在上文中，我们对“无国家税款损失”这一重要的虚开专票出罪标准进行了案例分析，明确仅开票方虚开专票、受票方未抵扣的情况下，一般不认为是犯罪。

在这种情况下，明明存在虚开专票行为，为何会被认定无罪？开票方虚开专票行为是否产生纳税义务？造成国家税款损失的根源究竟是什么？我们将一一揭晓。

（一）虚开的专票不产生增值税纳税义务

国家税务总局长沙市税务局第三稽查局在某《税务处理决定书》中明确表示：无真实生产经营业务，本质上没有增值税应税行为发生，因此不产生相应的增值税纳税义务，虚开的增值税发票不缴纳增值税。

国家税务总局长沙市税务局第三稽查局

税务处理决定书

长税三稽处〔2022〕31 号

[illegible]

我局于 2022 年 1 月 25 日起对你单位（[illegible]）2021 年 6 月 25 日至 2021 年 12 月 31 日期间涉嫌虚开发票情况进行了检查，违法事实及处理决定如下：

一、违法事实

你单位分别于 2021 年 6 月 30 日、7 月 14 日集中开具增值税专用发票 29 份（发票代码 430020[illegible]，发票号码 0016[illegible]～0016[illegible]，0722[illegible]～0722[illegible]，发票代码 430020[illegible]，发票号码 0746[illegible]～0746[illegible]，金额 2767689.03 元，税额 359799.53 元，价税合计 3127488.60 元），2021 年 7 月 7 日集中开具增值税普通发票 8 份（发票代码 4300200[illegible]，发票号码 3277[illegible]～3277[illegible]，金额 768107.24 元，税额 31892.76 元，价税合计 800000.00 元），你单位虚构交易业务，发票开具的销售行为虚假，查证如下：

你单位已走逃（失联），公司及相关人员均查无下落；无实际生产经营场所，不存在实际生产经营活动；银行账户信息虚假，无资金交易信息；购销服务不匹配，背离生产经营常规；未申报规避检查。

二、处理决定及依据

你单位开具的增值税专用发票 29 份、增值税普通发票 8 份，无真实生产经营业务，本质上并没有增值税应税行为发生，因此不产生相应的增值税纳税义务，虚开的增值税发票不缴纳增值税。

依据《中华人民共和国发票管理办法》第二十二条第二款第一项“任何单位和个人不得有下列虚开发票行为：（一）为他人、为自己开具与实际经营业务情况不符的发票”的规定，你单位对外开具与实际经营业务情况不符的增值税专用发票 29 份（发票代码 430020[illegible]，发票号码 0016[illegible]～0016[illegible]，0722[illegible]～0722[illegible]，发票代码 430020[illegible]，发票号码 0746[illegible]～0746[illegible]，金额 2767689.03 元，税额 359799.53 元，价税合计 3127488.60 元），开具与实际经营业务情况不符的增值税普通发票 8 份（发票代码 4300200[illegible]，发票号码 3277[illegible]～3277[illegible]，金额 768107.24 元，税额 31892.76 元，价税合计 800000.00 元）。应定性为虚开发票。

你单位虚开增值税发票的行为涉嫌犯罪，依法移送公安机关。

限你单位自收到本决定书之日起十五日内按照规定进行相关账务调整。

你单位若同我局在纳税上有争议，必须先依照本决定的期限缴纳税款及滞纳金或者提供相应的担保，然后可自上述款项缴清或提供相应担保被税务机关确认之日起六十日内依法向国家税务总局长沙市税务局申请行政复议。

国家税务总局长沙市税务局第三稽查局

2022 年 3 月 15 日

图 26　长税三稽处[2022]31 号　税务处理决定书

（二）追根溯源：造成国家税款损失的根源

1. 增值税纳税义务因何产生？

若想明确造成国家税款损失的根源，首先要厘清增值税的性质以及纳税义务是如何产生的。

增值税，实质上是以商品（含应税劳务、服务）在流转过程中产生的增值额为计税依据而征收的流转税，中间各个流转节点都是起到代收代缴的作用。也就是说，有增值，才需要征收增值税。

基于此前税务机关“以票控税”的管理方式，许多人陷入了一种思维误区，认为开票就应该纳税。实际上，发票仅仅是税务机关管理增值税的一种手段，增值税的纳税义务不是因为开票而产生，而是基于交易增值额而产生。发生增值税应税行为，即便没有开票，也要按照“未开票收入”申报纳税；而没有发生应税行为，即便开具发票，也没有纳税义务。

2. 无纳税义务等同未造成国家税款损失?

或许会有读者有此疑问:既然上述案例中的虚开专票行为没有纳税义务,无须缴纳增值税,那为什么还会因为涉嫌犯罪被移送到公安机关?

答案其实很简单,受票方是否进行了抵扣还没有查清。

如受票方没有进行抵扣,仅仅是为了虚增业绩、融资、贷款等非骗税目的接受虚开的发票,一般不以虚开增值税专用发票罪定性处理,由税务机关作出行政处罚。

如受票方进行了抵扣,而开票方又没有就虚开的专票缴纳增值税,相当于受票方抵扣的这部分税款流失了,造成了国家税款损失,则构成虚开增值税专用发票罪。

(三)小结

在没有真实交易的情况下,开票方虚开专票行为不产生纳税义务,无须对此缴纳增值税;然而,无纳税义务不等于未造成国家税款损失,如若虚开专票的受票方进行了抵扣,则抵扣的税款就是国家税款损失的额度,双方都涉嫌构成虚开增值税专用发票罪。

第六章　灵工平台风险专题

一、政府监管侧风险

在我们出版的《灵活用工平台的合规之路》一书第二章第二节中专门提及管辖权问题，个体户模式在市场监督管理视角下的管辖权问题凸显。核心问题在于平台新经济模式下，经营场所界限变得模糊，引发了在灵活用工个体户模式下，个体工商户注册所在地市场监管部门与住所所在地市场监管部门的管辖权之争。

在本书的第四章补税案件的分析中，我们聚焦分析针对网红主播收入税务监管部门的管辖权问题，核心问题在于扣缴义务人的认定问题。

本章，除了上述管辖权作为灵工平台面临的主要合规问题之外，我们针对政府监管侧的其他重大风险作了梳理和总结，核心侧重点在委托代征模式下"白条入账"的风险、增值税"秋后算账"以及印花税风险问题。

（一）"白条入账"是委托代征模式最大的"坑"

灵活用工发展至今，尚未能解决"白条入账"问题，这是一个巨大的法律风险。

何谓"白条"？其实，白条是财务上的俗称，并无规范释义，一般是指不符合规范的单据凭证。在灵活用工领域，因灵工平台在向C端支付众包业务费用后，通常很难取得由C端开具的发票凭证，而主管税务局默认这种行为在一定程度上的合理性，于是产生了默认的"白条"，包括向灵工人员支付服务费的银行流水凭证、税务局开具的灵工人员完税凭证等。

顺利办(已经退市的上市公司,原股票代码:000606)上市期间,在灵活用工领域迅猛发展,在其发布的《2021 年度业绩预告》《关于深圳证券交易所关注函的回复公告》中,提及其旗下 6 家孙公司在主管税务局 2020 年度的税务风险排查中,在其灵活用工业务项下,向承接业务的自然人或第三方公司支付的服务对价成本在汇算清缴期内未及时取得成本发票,因而被认为企业所得税税前扣除的依据不充分,故被下发《责令限期改正通知书》,被要求补开、换开成本发票。

国家税务总局天津市税务局(以下简称天津税务局)在《对市人大十七届五次会议第 0406 号建议的答复》中也指出,平台内经营者通过互联网平台从事生产经营活动且由互联网平台企业支付收入的,平台内经营者应向其开具发票;未开具发票的,对已发生实际业务且能够确保业务真实的,在与主管税务机关建立委托代征关系后,互联网平台企业可代平台内经营者向主管税务机关申请汇总代开发票,并将此发票作为企业所得税税前列支凭证。同时指出:天津税务局与滴滴出行科技有限公司(以下简称滴滴公司)之间并未建立过委托代征关系。

简言之,若平台不具备委托代征资质,则无法代平台内经营者向主管税务机关申请汇总代开发票,也就无法将前述汇总代开的发票作为企业所得税税前列支凭证了。

上述案例中,顺利办旗下 6 家孙公司是否具备委托代征资质,目前尚未能验证;但是即便是有委托代征资质,灵工平台就能有合规发票入账确认成本吗?

对此,我们从"白条入账"的法律规制入手,深入分析灵工平台委托代征模式下的"白条入账"风险(包括穿透至上游用工需求方的风险),帮助灵工平台及用工需求方更好地评估风险,以做好应对方案。

1. 灵工平台委托代征模式下的"白条入账"风险有哪些?

(1)"白条入账"的法律规制。

针对白条入账,目前主要受限于《企业所得税税前扣除凭证管理办法》(国家税务总局公告 2018 年第 28 号)的规制(具体如表 4 所示)。

表 4 《企业所得税税前扣除凭证管理办法》就“白条入账”相关规定

序号	要点	内　　容
1	税前扣除凭证类型	1. 内部凭证:是指企业自制用于成本、费用、损失和其他支出核算的会计原始凭证; 2. 外部凭证:是指企业发生经营活动和其他事项时,从其他单位、个人取得的用于证明其支出发生的凭证,包括但不限于发票(包括纸质发票和电子发票)、财政票据、完税凭证、收款凭证、分割单等。
2	税前扣除规范	1. 可以作为税前扣除凭证: (1)对方为已办理税务登记的增值税纳税人:其支出以发票(包括按照规定由税务机关代开的发票)作为税前扣除凭证; (2)对方为依法无需办理税务登记的单位或者从事小额零星经营业务的个人: a)小额零星经营业务判断标准:个人从事应税项目经营业务的销售额不超过增值税相关政策规定的起征点: (i)按期纳税的:增值税起征点为月销售额 5000 ~ 20000 元(含本数); (ii)按次纳税的:为每次(日)销售额 300 ~ 500 元(含本数)。 b)税前扣除规范:其支出以税务机关代开的发票或者收款凭证及内部凭证作为税前扣除凭证,收款凭证应载明收款单位名称、个人姓名及身份证号、支出项目、收款金额等相关信息。 2. 不得作为税前扣除凭证: (1)取得私自印制、伪造、变造、作废、开票方非法取得、虚开、填写不规范等不符合规定的发票; (2)取得不符合国家法律、法规等相关规定的其他外部凭证。

由表 4 可知,企业非法取得、虚开、填写不规范等不符合规定的发票,以及取得不符合国家法律、法规等相关规定的其他外部凭证,均不得作为税前扣除凭证。这基本就为“白条入账”关上了大门。

针对平台经济的“白条入账”现象,国家税务总局也释放了明确信号:不赞同平台企业所有经营活动均使用内部凭证列支成本费用,特别是增值税应税项目。其认为该行为不仅会在企业所得税征管上造成平台企业与非平台企业之间的差异,不利于营造公平竞争的市场环境,亦不利于增值税发票的规范管理,破坏增值税抵扣链条的完整性,易引发偷漏税风险。

(2)灵工平台委托代征模式下"白条入账"的四类风险。

灵活用工在兴起之初,便是打着解决用工需求方"白条入账"的痛点对外宣传推广,可惜到了自己这里,却亲手埋下了"隐雷"。

主要原因在于委托代征模式下,灵工人员仍为自然人,自然人开票的问题若未解决,灵工平台也只将上游用工需求方的用工成本转嫁到了自身。具体而言主要涵盖以下四类风险:

表5 委托代征模式下"白条入账"的四类模式及风险分析表

序号	要点
一	有委托代征资质,无发票入账
1-1	仅在灵工人员构成从事小额零星经营业务的个人时,灵工平台支出可以税务机关代开的发票或收款凭证及内部凭证作为税前扣除凭证,否则应当以发票作为税前扣除凭证。
1-2	小额零星经营业务的判断标准在于其从事应税项目经营业务的销售额未超过增值税起征点,而在委托代征模式下,灵工人员未办理税务登记或者临时税务登记的,增值税起征点应根据"按次纳税"以每次(日)销售额300~500元(含本数)计算,显然轻易可以超过。
1-3	即使灵工人员构成小额零星经营业务的个人,其合法的税前扣除凭证也只包括税务机关代开发票或收款凭证及内部凭证三类,不包括税务机关出具的灵工人员个人所得税完税凭证。
二	无委托代征资质,有发票入账
2-1	无委托代征资质而代征灵工人员税收,将引发灵工人员争议或法律纠纷: (1)代征人违规多征税款的,由税务机关承担相应的法律责任,并责令代征人立即退还,税款已入库的,由税务机关按规定办理退库手续; (2)代征人违规多征税款致使纳税人合法权益受到损失的,由税务机关赔偿,税务机关拥有事后向代征人追偿的权利。
2-2	灵工平台无依据代灵工人员开具发票,该等发票不合规,无法作为税前扣除凭证: 根据《委托代征管理办法》规定,税务机关可以与代征人签订代开发票书面协议并委托代征人代开普通发票,而这一般而言属于委托代征协议的配套协议,因而若未签委托代征协议,代开发票协议一般也就不会签。

续表

序号	要　　点
三	无委托代征资质，无发票入账
3-1	无委托代征资质而代征灵工人员税收，将引发灵工人员争议或法律纠纷（同2-1）。
3-2	“白条入账”行为不符合《企业所得税税前扣除凭证管理办法》规定，无法进行税前扣除（同2-2）。
四	有委托代征资质，有发票入账
4-1	灵工人员的所得存在被认定为“劳务报酬所得”的风险： 在委托代征模式下，灵工人员属于自然人，如果其本身从事的业务落入《个人所得税法实施条例》列出的所适用的正列举项范围内，其所得应被认定为劳务报酬所得，适用个人所得税代扣代缴，灵工平台按照经营所得为自然人代开发票，自然不合规。
4-2	无法证明业务真实性，则涉嫌虚开增值税发票的法律风险： （1）若灵工平台无法证明业务真实性，不仅其向上游用工需求方开具的发票涉嫌虚开，其代灵工人员向自己开具的发票亦涉及虚开； （2）一旦发生上述情形，灵工平台取得的发票将落入《企业所得税税前扣除凭证管理办法》提及的不合规发票，无法据此作税前列支。

（3）风险穿透，谁来背锅？

当灵工平台出现委托代征资质及发票问题时，除了灵工平台自身会面临相关风险外，其上游用工需求方也很难明哲保身，因为风险往往是穿透的。一张“税务协查函”一发，用工需求方也得“抖三抖”。

用工需求方主要面临的风险有：

①灵活用工成本激增。若灵工平台白条无法入账，其企业所得税的税务成本上升，其自身盈利空间降低。为了生存，灵工平台不得不提升服务费价格，而这最终是由用工需求方承担，其灵活用工成本直线上升。此时，用工需求方若无其他灵工平台充当“接盘侠”，也只能顺从接受。

②发票本身合规性存疑导致税务风险。在发票定性错误甚至涉嫌虚开的情况下，用工需求方作为业务链条中的一环，其自灵工平台处取得的用于抵扣

的增值税专用发票也会存在问题。除增值税税赋成本增加外,也将面临虚开增值税发票、偷漏税等税务风险。如被认定属实,也只能承担责任。

2. 风险关注点汇总

当前,各地税务机关都在加强灵工行业的税务监管,税务风险排查已成常态化,由此"中枪"的灵活用工平台不在少数。

而针对委托代征模式下"白条入账"行为,其一旦被主管税务机关稽查,补税及税务处罚风险将会极大。顺利办在《关于深圳证券交易所关注函的回复公告》中也坦言:由于涉及灵活用工业务形态多样、对应企业及灵活用工人员数量和规模庞大,涉及地区遍及全国各地,资金结算及成本发票取得方式不一,需与客户及主管税务部门沟通核实的内容较多,故已向主管税务部门申请延长整改期限,目前暂未收到税务机关明确回复。

无论灵工平台是有委托代征资质、无发票入账,还是无委托代征资质、有发票入账,抑或是无委托代征资质、无发票入账,都将面临因取得不合规发票而无法作为企业所得税税前扣除凭证,进而无法进行列支成本的问题。特别地,针对灵工平台无委托代征资质的情形,还将额外面临因违法多征税款而可能产生的税务争议。

甚至灵工平台有委托代征资质、有发票入账,也面临着灵工人员收入定性错误、业务不真实虚开发票等问题。

而灵工平台一旦产生风险,最终也会穿透至用工需求方。而用工需求方一旦利益受损,与该灵工平台的合作之路也就断了。

因此,选中赛道很重要。灵工平台应当确保灵活用工业务真实性的同时,谨慎评估委托代征模式下白条入账的风险,适时灵活切换灵活用工模式。若因此被主管税务部门稽查,则应当立即启动内部风险自查自纠流程,并主动与税务部门积极友好沟通,争取延长整改期限,为业务整改留出时间和余地。

(二)灵工平台的"幸存者偏差"——增值税"天坑"

灵活用工委托代征模式,补税问题不断。除了上文分析的"白条入账"项下企业所得税问题外，紧接着面临个人所得税和增值税问题。这两个问题隐而不发，不代表不会“秋后算账”。

首先，我们需要澄清一个概念：“委托代征不等于核定征收”。

其次，绝大部分的灵工平台默认的“灵工人员自动适用增值税免征政策”并没有法律依据。

下文将具体展开分析：为什么上述两个隐匿的法律风险，会对灵工平台的业务持续开展构成极大的挑战？

1. 委托代征中不见踪影的“增值税”。

通常而言，灵工平台代征灵工人员的税种主要包含两大类：个人所得税 + 增值税。但因为增值税通常适用小规模纳税人月销售额 10 万元以下的增值税优惠政策（是否合规将于后文探讨），所以不少地方税务部门在与灵工平台签订委托代征协议时，会在代征税种中忽略“增值税”（见图 27）。

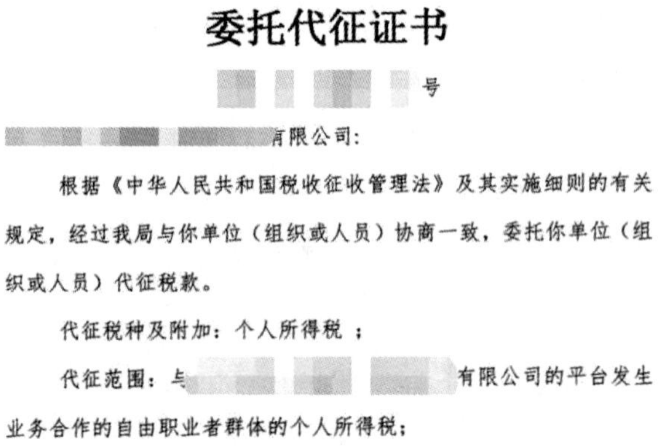
委托代征证书

[illegible]号

[illegible]有限公司：

根据《中华人民共和国税收征收管理法》及其实施细则的有关规定，经过我局与你单位（组织或人员）协商一致，委托你单位（组织或人员）代征税款。

代征税种及附加：个人所得税 ；

代征范围：与[illegible]有限公司的平台发生业务合作的自由职业者群体的个人所得税；

图 27　委托代征证书忽略增值税图示

然而，灵工平台在与用工需求方及/或灵工人员签署协议时，往往会“包圆”，明确会解决终端灵工人员的个人所得税与增值税的问题。此时，灵工平台将面临“骑虎难下”的两难境地：

（1）若灵工平台擅自代征增值税，则构成《委托代征管理办法》“违规多征税款”的行为，税务机关有权责令灵工平台（作为代征人）立即退还，若由此致使纳税人合法权益受到损失的，税务机关赔偿后有权向灵工平台进行追偿；

(2)若灵工平台听之任之，则又违反了与用工需求方及/或灵工人员所签署的协议，需按照协议约定承担相应违约责任。

可谓两头不讨好，只能“哑巴吃黄连”。

2. 有权限代征增值税不等于有权适用增值税优惠政策。

如果灵工平台与主管税务部门签署的委托代征协议中的确包含增值税，是否就“万事无忧”？答案是不一定，因为灵工平台有权限代征灵工人员的增值税，并不意味着灵工人员可以直接适用增值税优惠政策。

委托代征证书

[redacted]号

[redacted]公司：

根据《中华人民共和国税收征收管理法》及其实施细则的有关规定，经过我局与你单位（组织或人员）协商一致，委托你单位（组织或人员）代征税款。

代征税种及附加：增值税 城市维护建设税 地方教育附加 教育费附加 个人所得税 ；

代征范围：企业平台灵活用工；

计税依据及税率：增值税 3% 城市维护建设税 增值税的 5%，地方教育附加 增值税的 2%，教育费附加 增值税的 3%，个人所得税 0.8%；

图 28 委托代征证书涵盖“增值税”图示

根据《国家税务总局对十三届全国人大三次会议第 8765 号建议的答复》的规定，自然人能否享受小规模纳税人月销售额 10 万元以下免税政策，需要根据其业务实际情况进行判断。自然人持续开展经营业务的，如办理了税务登记，并选择按期纳税，履行按期申报纳税义务，则可以按规定享受小规模纳税人月销售额 10 万元以下免税政策；自然人不经常发生应税行为的，如未办理税务登记，或只选择了按次纳税，则应按规定享受按次纳税的起征点政策[起征点通常为每次(日)销售额 300 ~ 500 元]。

也就是说,若灵工人员未办理税务登记,而灵工平台的委托代征协议/证书中又未在“计税依据及税率”中明确适用依据,则灵工人员只能适用按次缴纳增值税的规定,无法直接享受小规模纳税人的增值税优惠政策。

在没有其他政策或法律规定的情形下,灵工平台作为代征机构未依法代征增值税的,构成《委托代征管理办法》项下“未征或少征税款的行为”,税务机关应向纳税人(灵工人员)追缴税款,并可按《委托代征协议书》的约定向灵工平台按日加收未征少征税款万分之五的违约金(但灵工平台将灵工人员拒绝缴纳等情况自其拒绝之时起 24 小时内报告税务机关的除外)。

不少灵工平台因此受到主管税务部门稽查,要求补上“增值税”的大坑,为此付出的代价极高,可谓得不偿失。

3. 小结。

灵活用工委托代征模式项下,前有“白条入账”的企业所得税风险,后有个人所得税核定征收与增值税优惠政策的适用合规性存疑的问题,已是四面楚歌。

但并非没有解决办法。针对企业所得税与个人所得税的税务风险,我们已在上文中给出了相应的解决方案。而针对增值税优惠政策适用问题,我们建议灵工平台做好以下两件事:

(1)自查协议,及时纠偏。

建议灵工平台“回头看”,查看自身委托代征协议/证书中的代征税种范围,个人所得税与增值税是否均已涵盖在内。如存在瑕疵,则建议积极与主管税务部门沟通签署补充协议,补充约定代征增值税相关事宜。

(2)明确依据,照章办事。

明确代征范围中涵盖增值税,才只是过了第一关,接下来的增值税适用问题才是至关重要。建议灵工平台向主管税务部门确认是否出台了合法有效的对自然人增值税优惠政策适用的相关政策,并在委托代征协议/证书中的“计税依据及税率”板块予以明确,以便为自身代征行为打好合规法律基础,避免出现"违规多征"或"未征或少征税款"的行为。

（三）灵工平台"内卷"新高地——万分之三印花税

印花税，万分之三。

虽然属于小税种，税率也只在万分之三，但考虑到灵活用工平台动辄上百亿元的流水，一旦埋下印花税的隐患，风险极大。

以500亿元流水为例，单印花税算下来就有1500万元，这还没算上滞纳金和罚款。

如今，陆陆续续也有不少灵工平台在税务稽查过程中，被主管税务机关关注到印花税的合规问题，面临补缴印花税及滞纳金的风险。

1. 灵工平台什么情形下需要缴纳印花税？

根据《印花税法》的规定，在中国境内订立书面合同、进行证券交易等的单位和个人，需要缴纳印花税。

也就是说，只要灵工平台对外订立了书面合同，就涉及印花税的缴纳。但并非订立的所有合同类型都纳入印花税的范畴。《印花税法》在附件里罗列了具体类型，其中与灵活用工业务相关的，主要是以下两种，税率均为万分之三：

表6　灵活用工相关印花税税目及税率

税目	税率
承揽合同	报酬的万分之三
技术合同	价款、报酬或者使用费的万分之三

2. 灵活用工总包链路下，谁需要缴纳印花税？

按照《印花税法》的规定，订立书面合同的双方，都需要按照各自涉及的金额分别缴纳印花税。而在灵活用工业务链条下，用工需求方与灵工平台之间、灵工平台与灵工人员之间都会签署对应业务承揽协议。如此看来，用工需求方、灵工平台及灵工人员，均需要各自缴纳印花税。

通常，因为用工需求方、灵工平台都是企业类型，他们之间的印花税一般不会少缴。但灵工平台与灵工人员之间,因为灵工人员通常为自然人,此时是否缴纳印花税,就存在争议了。不少灵工平台本身就没取得灵工人员向其开具的增值税发票,而是以"打款凭证""完税凭证"等进行"白条入账",更别提缴纳印花税了。

但基于《印花税法》出台后,并未出台相应的细则或规范指引;国家税务总局也只在《国家税务总局关于实施〈中华人民共和国印花税法〉等有关事项的公告》中说明:纳税人享受印花税优惠政策的,继续实行"自行判别、申报享受、有关资料留存备查"的办理方式。纳税人对留存备查资料的真实性、完整性和合法性承担法律责任。即由纳税人自己进行判断,并对相关留存备查材料负责。但对于是否可以享受该优惠政策,并没有给出明确的答复。

若按照严格意义上解读《印花税法》,灵工平台与灵工人员均需缴纳印花税。但因为灵工人员通常只算自己的"到手价",因而实际税赋成本还是由灵工平台承担。

3. 灵工平台未缴纳印花税有哪些后果?

根据《印花税法》的规定,未缴纳印花税的,按照《税收征收管理法》的规定处置,即由税务机关追缴其不缴或者少缴的税款、滞纳金,并处不缴或者少缴的税款 50% 以上 5 倍以下的罚款;构成犯罪的,依法追究刑事责任。

若按照灵工平台百亿流水的体量,印花税将高达百万乃至千万。若再算上罚款或滞纳金,税赋成本更是无法想象。

二、灵工平台甲方侧风险

(一)灵工平台账户冻结常见问题梳理

对于灵工平台而言,尤其是以结算为核心功能的灵工平台,账户资金的正常收款与支出属于整个业务运转流程中不可缺少的重要一环。一旦出现问题(如账户被盗、资金被私自挪用或冻结),整个平台的灵活用工业务都可能由此停滞。

对此，不少银行及支付机构专门针对灵活用工行业推出了资金结算产品，如银企直连、银行分账（于实体母公司账户下设虚拟子账户实现资金分账）、结算信息流与资金流分离等产品，但大多核心侧重点都是通过三方监管解决资金信任问题，确保用工企业打入灵工平台账户的资金能够顺利、便捷、安全地支付至灵工人员的个人账户。

事实上，结算所涉交易本身的合规性核查，对于灵工平台而言更为重要。现如今，不法分子假借灵工平台之名进行洗钱、非法资金结算的情形层出不穷，灵工平台的账户冻结也都是家常便饭，账户一旦被冻结，对于业务的影响往往是致命的。

为此，我们梳理、汇总了灵工平台账户被冻结后的10个常见问题，并总结、罗列出账户冻结的常见情形及应对要点，希望帮助灵工平台进一步了解账户冻结背后可能存在的原因及应对方案，以便及时采取相应措施，减少、挽回账户冻结所带来的损失。

1. 问题一：银行虚拟账户、微信/支付宝账户是否会被冻结？

答案：会。

冻结标的实质为存款（及/或汇款），而不是银行账户本身，因此银行虚拟账户/微信、支付宝账户内的资金仍然可能被冻结。

2. 问题二：账户被冻结后会收到通知吗？

答案：不一定。

（1）在刑事案件项下，银行根据冻结机关的要求冻结账户后，不会主动告知被冻结企业，只会在被冻结企业查询时被动告知；

（2）在民事、行政案件项下，人民法院/行政机关将在作出冻结裁定/决定后主动告知被冻结企业。

3. 问题三：银行贷款账户是否会被冻结？

答案：不会。

根据《最高人民法院〈关于银行贷款账户能否冻结的请示报告〉的批复》的规定，现行法律和司法解释只规定了可以对被执行人的银行存款账户进行冻结,冻结银行贷款账户缺乏依据。银行开立的以被执行人为户名的贷款账户,是银行记载其向被执行人发放贷款及收回贷款情况的账户、其中所记载的账户余额为银行对被执行人享有的债权,属于贷款银行的资产,并非被执行人的资产,而只是被执行人对银行的负债。

因此,通过"冻结"银行贷款账户不能实现控制被执行人财产的目的。在执行以银行为协助执行人的案件时,不能冻结户名为被执行人的银行贷款账户。

4. 问题四:在银行开立的保证金账户是否不会被冻结?

答案:不一定。

(1)在刑事案件项下,仅以特殊主体名义(包括金融机构账户、特定非金融机构账户和以证券登记结算机构、银行间市场交易组织机构、银行间市场集中清算机构、银行间市场登记托管结算机构、经国务院批准或者同意设立的黄金交易组织机构和结算机构、支付机构等)设立的保证金账户不得被整体冻结;

(2)在民事、行政案件项下,根据《最高人民法院关于适用〈中华人民共和国民法典〉有关担保制度的解释》第70条的规定,债务人或者第三人为担保债务的履行,设立专门的保证金账户并由债权人实际控制,或者将其资金存入债权人设立的保证金账户,债权人主张就账户内的款项优先受偿的,人民法院应予支持。

因此,若该保证金账户设立时的类型为专用账户(而非一般存款账户)且由债权人实际控制的,或是该账户是由债权人直接设立的,则债权人可据此就该保证金账户提出排除执行异议。

5. 问题五:在银行与他人共同设立的共管账户是否不会被冻结?

答案:不一定。

(1)在刑事案件项下,只要账户内资金属于犯罪所得或可以证明犯罪行为是否发生以及犯罪情节轻重的,都存在被冻结的可能性;

(2)在民事、行政案件项下,一般而言,某主体名下账户内的款项即视为归其所有,因此该主体涉及民事财产保全的,其名下的共管账户存在被冻结的可能性;但若其账户内的款项已具有特定化的特征(系为特定目的发生、专户专用),则该主体实质对账户内的款项不享有完全的控制、管理权,则另一共管主体可据此提出排除执行异议。

6. 问题六:法定代表人的个人账户是否会被冻结?

答案:有可能会。

(1)在刑事案件项下,只要账户内资金属于犯罪所得或可以证明犯罪行为发生以及犯罪情节轻重的,都存在被冻结的可能性。

(2)在民事案件项下,根据《最高人民法院关于"失信被执行人是单位的,建议冻结法定代表人的个人账户"问题的答复》的规定,在民事活动中,作为被执行人的有限公司和其法定代表人是独立的民事主体,有限公司以其财产范围为限,独立对外承担民事责任,有限公司的债务不能由其法定代表人个人承担,在法定代表人不是被执行人的情况下,人民法院无权查封其个人账户。

但是,如果作为被执行人的有限公司没有财产履行债务,同时,有充分证据证明其法定代表人转移公司资金到个人账户构成抽逃注册资金,或者有充分证据证明法定代表人个人账户的钱就是有限公司的钱,人民法院可以裁定变更或追加其法定代表人为被执行人,从而对其个人账户采取冻结措施。

(3)在税务行政案件项下,若法定代表人不属于纳税人的范畴,其个人账户无法被直接冻结。

7. 问题七:同一法定代表人旗下其他关联公司的账户是否会被冻结?

答案:不一定。

(1)在刑事案件项下,只要账户内资金属于犯罪所得或可以证明犯罪行为发生以及犯罪情节轻重的,都存在被冻结的可能性;

(2)在民事案件项下,作为被执行人的有限公司和其他关联公司之间是独立的民事主体,有限公司以其财产范围为限,独立对外承担民事责任,有限公司的债务不应由其他关联公司承担;但如果关联公司之间存在人员、财产混同等情形、滥用法人独立地位的,则存在被冻结的可能性;

(3)在税务行政案件项下,若其他关联公司不属于纳税人的范畴,则其账户无法被直接冻结;

(4)在涉嫌传销行政案件项下,若属于利用其他关联公司转移或者隐匿违法资金的,则存在被冻结的可能性。

8. 问题八:账户冻结后,通过第三方账户收支的,第三方账户是否会被冻结?

答案:会。

(1)在刑事案件项下,只要账户内资金属于犯罪所得或可以证明犯罪行为发生以及犯罪情节轻重的,都存在被冻结的可能性;

(2)在民事案件项下,根据《最高人民法院关于人民法院民事执行中查封、扣押、冻结财产的规定》第15条第1款的规定,对第三人为被执行人的利益占有的被执行人的财产,人民法院可以查封、扣押、冻结;该财产被指定给第三人继续保管的,第三人不得将其交付给被执行人。

因此,被执行人账户冻结后,借用第三方账户进行收支的,该第三方账户亦会被冻结。

9. 问题九:灵工平台代收代付的资金会被冻结吗?

答案:不一定。

(1)在刑事案件项下,根据《公安机关办理刑事案件适用查封、冻结措施有关规定》的规定,仅以特殊主体名义(包括金融机构账户、特定非金融机构账户和以证券登记结算机构、银行间市场交易组织机构、银行间市场集中清算机构、银行间市场登记托管结算机构、经国务院批准或者同意设立的黄金交易组织机构和结算机构、支付机构等)设立的客户备付金账户不得被整体冻结;

(2)在民事、行政案件项下,根据《最高人民法院关于人民法院执行工作若干问题的规定(试行)》的规定,被执行人为金融机构的,对其交存在人民银行的存款准备金和备付金不得冻结和扣划。

因此,若灵工平台自身具备《支付业务许可证》,依法开展代收代付业务的，其资金不会被冻结；但若系无资质从事代收代付业务的，则资金存在被冻结的可能性。

10. 问题十：银行账户会被重复冻结吗？

答案：不会。

银行账户不会被重复冻结，但可以被轮候冻结。冻结解除的，登记在先的轮候冻结自动生效。冻结期限届满前办理续冻的，优先于轮候冻结。

从上述问答中可以看出，在不同情形下，账户被冻结的情况也不尽相同，需要结合具体情形进行判断。对此，我们将于下篇就灵工平台账户冻结常见情形进行梳理，在明确冻结单位、冻结原因及解冻条件等基础上，结合灵活用工业务模式，为灵工平台提供对应的应对要点。

（二）灵工平台账户冻结常见情形及应对要点

上文，我们就灵工平台账户冻结后的10个常见问题一一予以回应。我们将就灵工平台账户冻结的常见情形进行系统性的梳理，并给出应对要点，以便帮助灵工平台从容应对、降低损失。

1. 情形一：因涉及刑事案件而被冻结。

当上游用工企业利用灵工平台从事违法犯罪行为时，灵工平台往往会因为旗下账户涉及非法资金结算而被冻结。对此，我们整理了账户因涉及刑事案件而被冻结的情形及应对要点，如表7所示。

表7 账户因涉及刑事案件而被冻结的情形及应对要点表

序号	要点	内 容
1－1	冻结单位	公安机关、人民检察院
1－2	冻结事由	根据侦查犯罪的需要，且属于涉案财物（指可用以证明犯罪嫌疑人有罪或者无罪的各种财产和物品），包括： （1）犯罪所得及其孳息； （2）用于实施犯罪行为的工具； （3）其他可以证明犯罪行为是否发生以及犯罪情节轻重的财物。

续表

序号	要点	内　　容
1－3	冻结范围	1. 种类：存款、汇款； 2. 数额： (1)应当与涉案金额相当，且具体、明确，不得超出涉案金额范围冻结款项； (2)暂时无法确定具体数额的，应当在协助冻结财产法律文书上明确注明“只收不付”； (3)如被冻结账户财产余额低于人民检察院、公安机关要求数额时，银行业金融机构应当在冻结期内对该账户做“只收不付”处理，直至达到要求的冻结数额。
1－4	冻结期限	1. 不得超过6个月； 2. 有特殊原因需要延长的，应当在冻结期限届满前办理续冻手续。每次续冻期限不得超过6个月，续冻没有次数限制； 3. 对于重大、复杂案件，经设区的市一级以上人民检察院、公安机关批准，冻结涉案存款、汇款等财产的期限可以为1年。 需要延长期限的，应当按照原批准权限和程序，在冻结期限届满前办理续冻手续，每次续冻期限最长不得超过1年。
1－5	冻结流程	1. 被动告知：银行业金融机构在协助办理完毕冻结手续后，在存款单位或者个人查询时，应当告知其账户被冻结情况； 2. 被冻结款项的单位或者个人对冻结有异议的，银行业金融机构应当告知其与作出冻结决定的人民检察院、公安机关联系。
1－6	解冻流程	1. 解冻情形： (1)冻结期限届满，未办理续冻手续的，冻结自动解除； (2)经查明冻结的财物确实与案件无关的，应当在3日以内解除冻结； (3)公安机关决定撤销案件或者对犯罪嫌疑人终止侦查的，除依照法律和有关规定另行处理的以外，应当在作出决定之日起3日以内解除冻结； (4)上级人民检察院、公安机关认为应当解除冻结措施的，应当责令作出冻结决定的下级人民检察院、公安机关解除冻结； (5)对于公安机关随案移送的财物，人民检察院需要继续冻结的，应当及时书面通知公安机关解除原冻结措施，并同时依法重新作出冻结决定；

续表

序号	要点	内　　容
		人民检察院决定不起诉并对涉案财物解除冻结的案件,公安机关应当在接到人民检察院的不起诉决定和解除冻结财物的通知之日起 3 日以内对不宜移送而未随案移送的财物解除冻结; 对于人民检察院提出的对被不起诉人给予行政处罚、行政处分等检察意见中涉及冻结涉案财物的,公安机关应当及时予以处理或者移送有关行政主管机关处理,并将处理结果通知人民检察院。 2. 解冻流程: 解除冻结的,应当在 3 日以内制作协助解除冻结财产通知书,送交协助办理冻结的有关单位,同时通知被冻结财产的所有人。有关单位接到协助解除冻结财产通知书后,应当及时解除冻结。
应对要点		1. 及时查询并确认冻结单位,向冻结单位了解冻结原因; 2. 及时进行自查是否涉及违法犯罪情形: (1)如自身并未涉嫌刑事犯罪的,应及时搜集并向冻结单位提供签署版业务承揽协议、灵工平台接发包记录、业务交付及验收成果、资金流水等相关材料以申请解冻,必要时可委托第三方专业机构(如律师事务所等)采取申诉等异议途径,向冻结机关申请解冻; (2)如自身可能涉嫌刑事犯罪且应承担刑事责任,则应主动向冻结单位说明情况,争取自首退赃、酌定不起诉或免予刑事处罚;如果不属于应承担刑事责任情形,则应争取冻结机关的认可并申请对账户进行解冻。

2. 情形二:因涉及民事案件而被冻结。

当灵工平台涉及民事纠纷时,其银行账户将可能因被申请诉前或诉中保全而被人民法院予以冻结。对此,我们整理了账户因涉及民事纠纷而被冻结的情形及应对要点,如表 8 所示。

表 8　账户因涉及民事纠纷而被冻结的情形及应对要点表

序号	要点	内　　容
2 - 1	冻结单位	人民法院
2 - 2	冻结事由	1. 诉前保全:利害关系人因情况紧急,不立即申请财产保全将会使其合法权益受到难以弥补的损害的,可以在起诉前向人民法院申请财产保全;

续表

序号	要点	内　　容
		2. 诉中保全:人民法院对于可能因当事人一方的行为或者其他原因,使判决不能执行或者难以执行的案件,可以根据对方当事人的申请,作出财产保全的裁定;当事人没有提出申请的,人民法院在必要时也可以裁定采取财产保全措施。
2-3	冻结范围	1. 种类:除动产、不动产之外的其他财产权; 2. 数额: (1)以其价额足以清偿法律文书确定的债权额及执行费用为限,不得明显超标的额冻结; (2)具体的冻结数额应当明确。
2-4	冻结期限	1. 不得超过 1 年; 2. 申请执行人申请延长期限的,应当在冻结期限届满前办理续行冻结手续,续行期限不得超过规定的期限。
2-5	冻结流程	1. 主动告知:人民法院保全财产后,应当作出裁定,并送达被执行人; 2. 被保全人有多项财产可供保全的,在能够实现保全目的的情况下,人民法院应当选择对其生产经营活动影响较小的财产进行保全。
2-6	解冻情形及流程	1. 解冻情形: (1)冻结期限届满,人民法院未办理延期手续的,冻结效力消灭; (2)冻结案外人财产的; (3)申请执行人撤回执行申请或者放弃债权的; (4)债务已经清偿的; (5)被执行人提供担保且申请执行人同意解除冻结的; (6)人民法院认为应当解除冻结的其他情形。 2. 解冻流程: 人民法院应当作出解除冻结裁定,并送达申请执行人、被执行人或者案外人。
应对要点		1. 如系作为案件当事人被冻结银行账户的: (1)积极与相关方进行沟通(协商和解、撤诉等),待相关民事案件终结或者撤回起诉,及时向人民法院申请解除; (2)若被冻结账户另有重要用途,可以选择用其他有等额资金的银行账户向人民法院申请置换; (3)向人民法院提供担保,并与相关方积极沟通,获得其解除冻结的同意。

续表

序号	要点	内　容
应对要点		2. 若系作为案外人而被冻结银行账户的： 应当及时向人民法院提出书面异议，并积极沟通协调；若人民法院经审理后仍裁定驳回异议的，可自裁定送达之日起15日内向人民法院提起诉讼。

3. 情形三：因涉及行政案件而被冻结。

对于灵工平台而言，因行政案件而被冻结账户的情形不常发生，主要是税务机关因涉及税款征收及税务检查而进行冻结，或是市场监督管理局因上游用工企业涉嫌传销而就曾经参与过资金结算的灵工平台账户内对应资金进行冻结。对此，我们整理了账户因涉及行政案件而被冻结的情形及应对要点，如表9所示。

表9　账户因涉及行政案件而被冻结的情形及应对要点表

序号	要点	内　容
（一）	冻结单位：税务机关	
3-1-1	冻结事由	1. 税款征收保全： 税务机关有根据认为从事生产、经营的纳税人有逃避纳税义务行为，在责令其缴纳应纳税款的限期内，发现纳税人有明显的转移、隐匿其应纳税的商品、货物以及其他财产或者应纳税的收入的迹象，且经税务机关要求纳税人提供纳税担保时，纳税人不能提供纳税担保的，经县以上税务局（分局）局长批准，税务机关可以书面通知纳税人开户银行或者其他金融机构冻结纳税人的金额相当于应纳税款的存款。 2. 税务检查保全： 税务机关对从事生产、经营的纳税人以前纳税期的纳税情况依法进行税务检查时，发现纳税人有逃避纳税义务行为，并有明显的转移、隐匿其应纳税的商品、货物以及其他财产或者应纳税的收入的迹象的，可以按照《税收征收管理法》规定的批准权限采取税收保全措施或者强制执行措施。
3-1-2	冻结范围	1. 类型：存款； 2. 数额：相当于应纳税款的金额。

续表

序号	要点	内　　容
3－1－3	冻结期限	1. 不得超过30日； 2. 情况复杂的，经县以上税务局局长批准，可以延长，但是延长期限不得超过30日。延长冻结的决定应当及时书面告知当事人，并说明理由。
3－1－4	冻结流程	1. 主动告知：应当于作出冻结决定之日起3个工作日内，向纳税人交付冻结决定书； 2. 冻结决定书应当载明下列事项： (1)当事人的姓名或者名称、地址； (2)冻结的理由、依据和期限； (3)冻结的账号和数额； (4)申请行政复议或者提起行政诉讼的途径和期限； (5)行政机关的名称、印章和日期。
3－1－5	解冻情形及流程	1. 解冻情形： (1)纳税人没有违法行为； (2)冻结的存款、汇款与违法行为无关； (3)行政机关对违法行为已经作出处理决定，不再需要冻结； (4)冻结期限已经届满； (5)纳税人在税务机关采取税收保全措施后，按照税务机关规定的期限缴纳税款或者税务机关已依法采取强制执行措施追缴税款入库； (6)其他不再需要采取冻结措施的情形。 2. 解冻流程： (1)税务机关作出解除冻结决定的，应当及时通知金融机构和当事人。金融机构接到通知后，应当立即解除冻结。其中纳税人在税务机关采取税收保全措施后，按照税务机关规定的期限缴纳税款的，税务机关应当自收到税款或者银行转回的完税凭证之日起1日内解除税收保全； (2)税务机关逾期未作出处理决定或者解除冻结决定的，金融机构应当自冻结期满之日起解除冻结。

续表

序号	要点	内容
应对要点		1. 税款征收保全: (1)自查自纠税务违法违规行为,按照主管税务机关的要求在其规定的期限内及时缴纳税款; (2)不得抱有侥幸心理,不得进行转移、隐匿其应纳税的商品、货物以及其他财产或者应纳税的收入的行为; (3)当主管税务机关要求提供纳税担保,应当及时提供担保。 2. 税务检查保全: (1)自查自纠税务违法违规行为,并积极与主管税务机关沟通; (2)不得抱有侥幸心理,不得进行转移、隐匿其应纳税的商品、货物以及其他财产或者应纳税的收入的行为。
(二)	冻结单位:人民法院(经市场监督管理局申请)	
3-2-1	冻结事由	涉嫌传销:市场监督管理局对有证据证明转移或者隐匿违法资金的,可以申请司法机关予以冻结。
3-2-2	冻结范围	同民事
3-2-3	冻结期限	同民事
3-2-4	冻结流程	同民事
3-2-5	解冻流程	同民事
应对要点		积极与相关市场监督管理局进行沟通,及时搜集并向其提供签署版业务承揽协议、灵工平台接发包记录、业务交付及验收成果、资金流水等相关材料以申请解冻,必要时可委托第三方专业机构(如律师事务所等)采取申诉等异议途径,向市场监督管理局申请解冻。

(三)灵工平台“拆分工资”业务形态的法律风险

B 端企业利用灵工平台拆分工资,灵工平台如何避免被“连坐”?

为降低税赋成本,部分企业会将收入较高的员工工资或股东分红以伪造业务需求的形式通过灵工平台结算。而由于灵工平台对此种拆分工资行为缺乏行之有效的防控手段,一旦 B 端企业因拆分工资暴雷,灵工平台往往会被“连累”,面临承担行政处罚乃至刑事责任的风险。我们将通过一则实践案例来分析灵工平台涉拆分工资的风险及应对要点。

1. 实践案例:B 端拆分工资,灵工平台“连坐”。

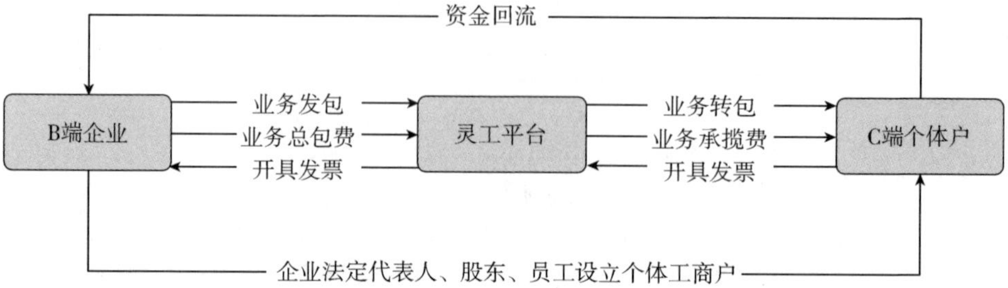

图 29　B 端企业利用灵工平台拆分工资图示

某 B 端企业为少缴纳个人所得税,其法定代表人、股东及员工通过某灵工平台设立个体工商户,随后 B 端企业虚构业务需求发包至灵工平台,并将部分工资或分红以业务总包费的名义支付至灵工平台,灵工平台将业务转包至 B 端企业法定代表人、股东和员工设立的 C 端个体工商户并对应支付业务承揽费(实际上是企业应当支付的工资或分红);灵工平台向该 B 端企业开具增值税专用发票。

税务机关经税收大数据分析发现该 B 端企业存在资金回流、拆分工资问题,在进一步调查后发现其通过灵工平台进行拆分工资结算并收受灵工平台开具的增值税专用发票,最终认为 B 端企业与灵工平台均涉嫌虚开增值税专用发票,涉嫌刑事犯罪,最后移送至公安经侦部门调查。

2. 风险解析:灵工平台拆分工资风险全解析。

那么,灵工平台“被利用”于拆分工资的结算,将会面临哪些风险?

(1)因构成帮助偷税行为受到行政处罚。

根据《税收征收管理法实施细则》第 93 条的规定,“为纳税人、扣缴义务人非法提供银行账户、发票、证明或者其他方便,导致未缴、少缴税款或者骗取国家出口退税款的,税务机关除没收其违法所得外,可以处未缴、少缴或者骗取的税款 1 倍以下的罚款”。

可见,若主管税务机关认为灵工平台为 B 端企业拆分工资提供了其他方便（如帮助员工设立个体工商户、提供结算便利等），可能会被认定为帮助偷税行为，从而进行处罚。如此前郑某逃税案中的张某，就因被认为构成帮助郑某偷税，而被处以罚款。

上海市税务部门依法对张某进行处罚

2021年10月18日 来源：国家税务总局上海市税务局 【字体：大 中 小】 打印本页

上海市税务局第一稽查局前期在郑偷逃税案件检查过程中发现，张作为郑参演《倩女幽魂》的经纪人，负责相关演艺合同签订、片酬商谈、合同拆分、催款收款等事宜，并具体策划起草“增资协议”，设立“掩护公司”，掩盖“天价片酬”，**规避行业主管部门监管，帮助郑逃避履行纳税义务。**

依据《中华人民共和国税收征收管理法实施细则》第九十三条和《中华人民共和国行政处罚法》第三十二条的规定，综合考虑张的违法事实以及有关情节等因素，对张处以郑在《倩女幽魂》项目中偷税额（4302.7万元）0.75倍的罚款，计3227万元。上海市税务局第一稽查局已向张依法送达《税务行政处罚决定书》，限其在规定期限内缴清罚款，目前正在依法追缴中。

上海市税务局有关负责人表示，将深入贯彻落实中宣部、国家税务总局有关要求，加强和改进对明星艺人、网络主播等文娱领域从业人员及其经纪公司、经纪人的税法宣传教育和税收管理，依法依规加大偷逃税典型案件查处和曝光力度。发现经纪公司及经纪人等帮助明星艺人、网络主播设计、策划、实施逃避税行为的，将进行联动检查、一并依法从严处理，切实促进文娱领域在发展中规范，在规范中发展。

图 30 张某被上海税务局第一稽查局处罚官方通告

（2）因构成虚开专票行为受到行政处罚或承担刑事责任。

根据《发票管理办法》的规定，任何单位和个人不得有下列虚开发票行为：①为他人、为自己开具与实际经营业务情况不符的发票；②让他人为自己开具与实际经营业务情况不符的发票；③介绍他人开具与实际经营业务情况不符的发票。

违反《发票管理办法》的规定虚开发票的，由税务机关没收违法所得；虚开金额在 1 万元以下的，可以并处 5 万元以下的罚款；虚开金额超过 1 万元的，并处 5 万元以上 50 万元以下的罚款；构成犯罪的，依法追究刑事责任。

根据《刑法》第 205 条的规定，“虚开增值税专用发票或者虚开用于骗取出口退税、抵扣税款的其他发票的，处三年以下有期徒刑或者拘役，并处二万元以上二十万元以下罚金；虚开的税款数额较大或者有其他严重情节的，处三年以上十年以下有期徒刑，并处五万元以上五十万元以下罚金；虚开的税款数额巨大或者有其他特别严重情节的，处十年以上有期徒刑或者无期徒刑，并处五万元以上五十万元以下罚金或者没收财产。

单位犯本条规定之罪的，对单位判处罚金，并对其直接负责的主管人员和其他直接责任人员，处三年以下有期徒刑或者拘役；虚开的税款数额较大或者有其他严重情节的，处三年以上十年以下有期徒刑；虚开的税款数额巨大或者有其他特别严重情节的，处十年以上有期徒刑或者无期徒刑。

虚开增值税专用发票或者虚开用于骗取出口退税、抵扣税款的其他发票，是指有为他人虚开、为自己虚开、让他人为自己虚开、介绍他人虚开行为之一的”。

B 端企业通过灵工平台拆分工资行为，本身其发包的业务并不真实，合同流、资金流、业务流、发票流不匹配，灵工平台未坐实真实的总包承揽关系，不具备开具增值税专用发票的条件，很可能被主管税务机关认为构成虚开专票行为；若虚开的税款数额在 10 万元以上或者造成国家税款损失数额在 5 万元以上的，则可能被税务机关移送至公安经侦部门，有承担刑事责任的风险。

（3）因构成偷逃税行为受到行政处罚或承担刑事责任。

根据《企业所得税税前扣除凭证管理办法》第 12 条的规定，企业取得私自印制、伪造、变造、作废、开票方非法取得、虚开、填写不规范等不符合规定的发票，以及取得不符合国家法律、法规等相关规定的其他外部凭证，不得作为税前扣除凭证。

根据《刑法》第 201 条第 1 款的规定，“纳税人采取欺骗、隐瞒手段进行虚假纳税申报或者不申报，逃避缴纳税款数额较大并且占应纳税额百分之十以上的，处三年以下有期徒刑或者拘役，并处罚金；数额巨大并且占应纳税额百分之三十以上的，处三年以上七年以下有期徒刑，并处罚金”。

除了灵工平台对 B 端企业开具的发票可能被认定为虚开外，其从个体工商户中取得的、用于企业所得税入账凭证的发票也可能会被认定为虚开的发票，不允许作为税前扣除凭证，导致灵工平台受到行政处罚甚至构成刑事上的逃税罪。

此外，若灵工平台或其上游 B 端企业涉及刑事案件，灵工平台用于结算的账户往往会因涉及非法资金结算而被冻结，导致整个灵工平台的业务都可能受阻，业务连续性将受到极大打击（详见本书第六章之“灵工平台账户冻结常见问题梳理”与“灵工平台账户冻结常见情形及应对要点”部分的相关内容）。

3. 应对要点：事前识别与事后应急响应机制。

在我国大部分地区人社接口尚未打通、难以从官方渠道查询个人和企业是否建立劳动关系的背景下，为避免被 B 端企业拆分工资行为“连坐”，灵工平台应建立事前的用工关系识别验证机制与事后的应急响应机制，以降低风险。

（1）事前识别机制。

灵工平台可以通过准入审查、真实性承诺和真实性抽检等风控措施，验证自然人是不是 B 端企业股东、员工。

①准入审查。在与 B 端企业及自然人建立灵活用工项下合作关系前，一方面，灵工平台可以通过企查查等大数据平台对于 B 端企业股东、高管等进行穿透核查，并将相关人员列入“红名单”，拒绝建立合作关系；另一方面，灵工平台可以要求自然人提交“个人所得税”App 的任职受雇关系截图界面或社保缴费证明界面，以明确劳动关系归属情况。

②真实性承诺。在 B 端企业业务发包、C 端人员提交业务成果时，灵工平台应在结算或开票前要求其签署《业务真实性承诺函》，承诺其发包承揽的业务或提交的成果是基于真实的业务需求，否则应当承担相应的法律责任。同时也可以通过此举证明灵工平台的“善意”。

③真实性抽检。灵工平台可建立业务真实性核查机制，通过对 C 端用户进行电话、短信、邮件、平台站内信等方式回访，明确其承揽的业务是否真实、与 B 端企业的真实关系是什么。

此外，灵工平台亦可以设置上述措施落实情况的监管措施，以切实落实已设置的风控措施。

（2）事后应急响应机制。

“智者千虑，必有一失。”若灵工平台仍旧被 B 端企业“连累”导致税务稽查事件，面临不同的稽查阶段，灵工平台应当采取何种应对措施呢？根据国家税务总局发布的《税务稽查案件办理程序规定》,税务稽查一般分为选案—检查—审理—执行四个阶段,除选案阶段被稽查企业难以感知到外,其余三个阶段,企业均会收到象征着稽查流程进入该阶段的相关文书,其中,“三件套”尤为重要。

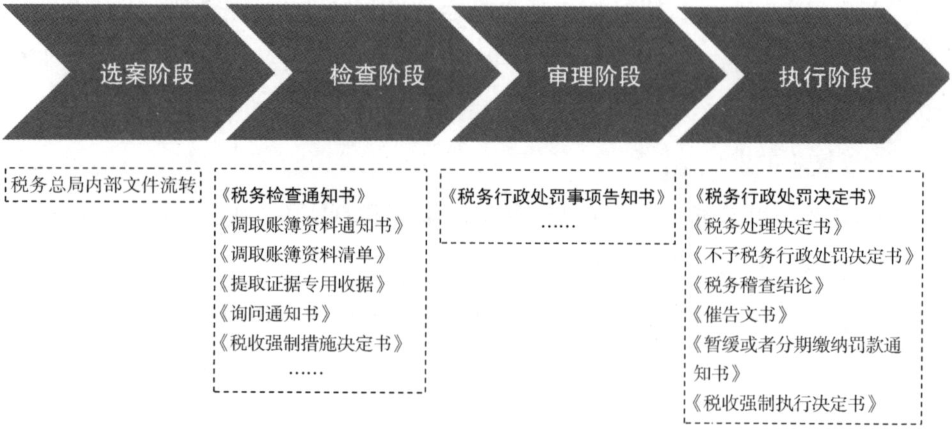

图31　税务稽查流程图

(1)《税务检查通知书》

当收到《税务检查通知书》时,即意味着灵工平台已经进入了检查阶段,税务机关有权采取在该阶段所必需的实地检查、调取账簿资料等相关检查措施,以论证灵工平台是否存在税收违法违规行为,同时若税务机关认为被稽查企业有逃避纳税义务等迹象,有权采取税务强制措施。在检查阶段结束后,税务机关会将检查结果告知被稽查企业,灵工平台有异议的,应当在限期内提供相关说明与证据材料。

(2)《税务行政处罚事项告知书》

检查阶段结束后即进入稽查审理阶段。审理阶段主要进行执法程序与税收违法事实两方面的审理:在执法程序方面,通常会审理执法主体和被稽查对象是否准确、是否符合法定程序、是否超越或滥用职权等;在税收违法事实方面,会审理事实是否清楚,证据是否充分,数据是否准确,资料是否齐全以及适用的相关法规是否正确、税务处理建议是否适当等。若审理后拟作出税务行政处罚的，应当向其送达《税务行政处罚事项告知书》，预告灵工平台可能会受到的行政处罚，被稽查对象有陈述、申辩及要求听证的权利。

(3)《税务行政处罚决定书》

税务机关通常会根据审理结果，在审理阶段形成《税务行政处罚决定书》等税务文书，并在执行阶段进行送达。灵工平台收到上述文书后，应当在行政处罚决定书载明的期限内予以履行。确有经济困难，可以申请延期或者分期缴纳罚款；对处罚决定有异议的可以在法定的期限内向复议机关申请行政复议或向人民法院提起行政诉讼。如灵工平台采取"静默处理"，既不自行缴纳又不申请行政复议或提起行政诉讼的，稽查局可以依法强制执行。

"三件套"分别对应着稽查流程中的不同阶段，税务机关在不同阶段存在不同的工作侧重点。因此，灵工平台能够跟随税务机关的节奏，在不同稽查阶段采取不同的配合措施就尤为重要。

4. 小结。

在本部分，我们以一则实践案例分析了 B 端企业利用灵工平台拆分工资的普遍形式，并明确了灵工平台可能会被拆分工资行为"连累"，其将面临帮助偷逃税、虚开增值税专用发票、偷逃税等行政处罚或刑事风险，最后，我们建议灵工平台可以通过准入审查、真实性承诺和真实性抽检等风控措施，验证自然人是不是 B 端企业股东、员工，并提出一旦发生税务稽查行为的应急响应方案，希望能够降低灵工平台"连坐"风险。

(四)灵工平台与传统人力资源业务结合后的"新变种"

总包模式的灵工平台，究竟能不能给 B 端企业开具人力资源服务类发票？

近期，我们经常收到灵工平台咨询，这些灵工平台早先是提供劳务派遣、代发工资、代缴社保和公积金等传统的人力资源服务，后来转型为灵工平台，总包承揽 B 端企业的业务再分包给 C 端的自由职业者。

虽然这类灵工平台企业在概念上实现了转型，但在落地过程中仍存在很多问题，如由于众多甲方对于人力资源服务类发票的"偏爱"，加上其具备人力资源相关资质的“优势”，人力资源服务类发票似乎成为其进行灵工业务转型的“门票”。

然而，这张门票究竟是其灵工业务入场券，还是即将被击溃于千里之堤的蚁穴？

1. 灵工模式新变种：“变”在哪里？

传统的人力资源企业与灵工平台貌似相同的表现形式，又有迥异的内核本质，二者的冲突碰撞，导致人力资源企业转型做灵工业务时，面对税务局等监管机构与存量的 B 端客户，处于尴尬两难的境地。

貌似相同的表现形式：都具备底层的结算功能，为 C 端人员结算费用，提供完税服务。

迥异的内核本质：

（1）“活”是谁的。对于人力资源企业，“活”实质上仍旧属于 B 端企业客户，人力资源企业为其提供招聘、管理、结算来完成任务的“人”的服务，无须交付项目成果；对于灵工平台，自其从 B 端企业承揽项目后，“活”就完全属于灵工平台的任务，需要向 B 端企业交付项目成果。

（2）“人”是谁的。对于人力资源企业，C 端人员可以与 B 端企业建立劳动关系，亦可以与人力资源公司建立劳动关系，人力资源企业进而提供代发工资、代缴社保或者劳务派遣等服务；在灵工平台业务模式下，C 端则属于自由职业者，属于“自雇”性质，与 B 端企业或灵工平台均不建立劳动关系。

基于上述表现形式与内核本质之间的冲突碰撞，加之人力资源企业自身的惯性思维模式，导致人力资源企业转型灵工平台的过程中，仍旧沿用此前人力资源企业的开票习惯，无论承接的是技术服务还是其他业务，依旧为 B 端企业开具人力资源服务类的发票，进而形成了“前端为灵工业务总包模式，后端为人力资源企业代发模式”的业务变种。

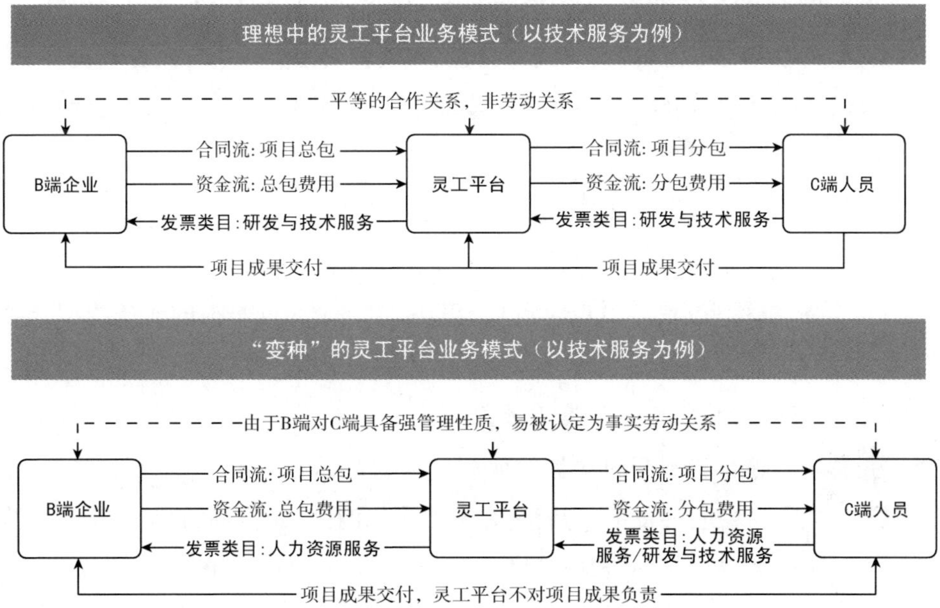

图 32　理想中的灵工平台业务模式与“变种”的灵工平台业务模式对比图

2. 灵工业务链条中两张皮的法律实质和风险。

或许有人想问，这种“变种”后的灵工模式又有何不好呢？拿着人力资源类发票作为入场券，既实现了业务的转型，又能满足 B 端企业的需求，岂不是“两全其美”？

可惜，“查票员”税务局不这么想。

什么是人力资源类目发票？

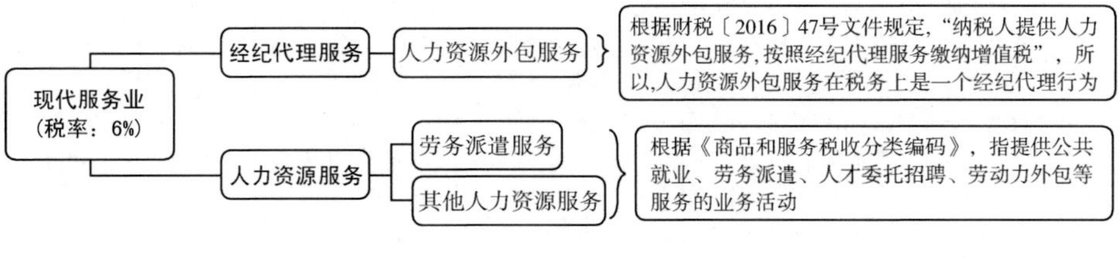

图 33　人力资源类目发票分类图

根据图 33 分析可知，与人力资源服务的发票相对应的业务，要么是提供经纪代理类的服务，如提供代发工资、代缴社保或者人力资源管理流程外包等，要么是提供劳务派遣、招聘、劳动力外包等服务，从而才能对应开具人力资源外包服务或者人力资源服务的发票。

为什么灵工平台不能开具人力资源类目发票？

在灵工平台业务模式下，“活”是灵工平台的（后续再分包给 C 端人员），“人”是自雇的，因此，灵工平台应当基于其从 B 端企业处承揽的业务类型开具对应的发票，若承揽的是技术服务，就开研发和技术服务的发票；若承揽的是设计服务，就开设计服务类的发票，以此类推。

开具与实际业务不符的发票有何风险？

若是灵工平台心怀侥幸，为满足客户需求仍旧开具与承揽的实际业务不符的人力资源服务发票，当遇到税务局这个“查票员”，将有可能承担以下责任：

（1）行政责任[①]。若灵工平台开具的发票类目与实际业务内容不符，将构成行政违规性虚开发票，将会面临被税务机关没收违法所得的风险，同时虚开金额在 1 万元以下的，可以并处 5 万元以下的罚款；虚开金额超过 1 万元的，并处 5 万元以上 50 万元以下的罚款。

（2）刑事责任[②]。在“变种”的灵工模式下，B 端企业往往会将灵工平台视

---

① 根据《发票管理办法》第 21 条的规定，开具发票应当按照规定的时限、顺序、栏目，全部联次一次性如实开具，开具纸质发票应当加盖发票专用章。任何单位和个人不得有下列虚开发票行为：（1）为他人、为自己开具与实际经营业务情况不符的发票；（2）让他人为自己开具与实际经营业务情况不符的发票；（3）介绍他人开具与实际经营业务情况不符的发票。

② 根据《刑法》第 205 条的规定，虚开增值税专用发票或者虚开用于骗取出口退税、抵扣税款的其他发票的，处 3 年以下有期徒刑或者拘役，并处 2 万元以上 20 万元以下罚金；虚开的税款数额较大或者有其他严重情节的，处 3 年以上 10 年以下有期徒刑，并处 5 万元以上 50 万元以下罚金；虚开的税款数额巨大或者有其他特别严重情节的，处 10 年以上有期徒刑或者无期徒刑，并处 5 万元以上 50 万元以下罚金或者没收财产。

单位犯该条规定之罪的，对单位判处罚金，并对其直接负责的主管人员和其他直接责任人员，处 3 年以下有期徒刑或者拘役；虚开的税款数额较大或者有其他严重情节的，处 3 年以上 10 年以下有期徒刑；虚开的税款数额巨大或者有其他特别严重情节的，处 10 年以上有期徒刑或者无期徒刑。

虚开增值税专用发票或者虚开用于骗取出口退税、抵扣税款的其他发票，是指有为他人虚开、为自己虚开、让他人为自己虚开、介绍他人虚开行为之一的。

作一个结算与开票的工具，灵工平台亦有可能一步退，步步退，未去严格核验 B 端企业的业务真实性，若是无真实业务而开具发票，则可能构成虚开增值税专用发票罪，灵工平台企业被判处罚金，相关直接负责的主管人员和其他直接责任人员，将有可能视情节轻重被判处拘役、3 年至 10 年有期徒刑、10 年以上有期徒刑或者无期徒刑等刑罚。

灵工平台与人力资源公司本身就是税务稽查重点关注对象，人力资源企业转身灵工平台，若再不重视业务真实性与合规性，开具与实际业务不符的发票，将难逃“金税四期”的税收大数据的法网。

如根据国家税务总局上海市税务局第二稽查局税务处理决定书显示，上海某人力资源有限公司 2018 年至 2019 年，在未有真实经营活动的情况下，为他人开具增值税普通发票共计 1727 份，发票金额共计 140，019，988. 77 元，根据 2019 年《发票管理办法》第 22 条的规定，对单位开具与实际经营业务情况不符的发票，认定为虚开。

税务处理决定书

[redacted]

上海[redacted]人力资源有限公司：（纳税人识别号：[redacted]）

我局（所）于2021年1月6日至2021年12月14日对你（单位）（地址：[redacted]2016年1月1日至2020年11月9日专项涉税情况进行了检查，违法事实及处理决定如下：

一、违法事实

2018年至2019年期间，你单位在未有真实经营活动的情况下，为他人开具增值税普通发票共计1727份，发票金额共计140,019,988.77 元。

二、处理决定

根据《中华人民共和国发票管理办法》第二十二条的规定，对你单位开具与实际经营业务情况不符的发票，认定为虚开。

图 34 《税务处理决定书》图示

3. 小结。

业务的转型总是会伴随思维方式扭转与存量业务转化的阵痛，特别是对于意图转型为灵工平台的人力资源公司而言，二者相似的表象与迥异的内核本质需要管理者逐条厘清，并迅速落实到业务实质运营中，否则极易被税务稽查。

在本部分，我们主要是以灵工平台经常遇到的疑惑——能否开具人力资源发票为切入点，探讨人力资源公司与灵工平台的异同，并提示开具与实际业务不符的发票的风险。在此，我们建议灵工平台应当重视业务真实性与合规性建设，不要因惯性思维与B端客户的压力就将人力资源发票视为入场券，一旦被"查票员"稽查为"假门票"，将导致建造灵工业务的千里之堤，毁于蚁穴。

（五）社交电商与灵工平台的合作风险及合规建议

本部分的核心内容，原收录在《灵活用工平台的合规之路》的第五章第一节，在写作本书期间，我们在实践中遇到相当多的类似风险案例，而且影响面在持续扩大。"全民营销"时代的到来，已经将社交电商与灵工平台业务整合的合规风险充分暴露。

社交电商的全国化业务属性，让灵工平台在与社交电商合作的业务开展过程中，面临异地账户冻结的多重风险。

社交电商与灵工平台，可谓天作之合。根据中商产业研究院发布的《2022—2027年中国社交电商行业发展趋势分析与投资格局研究报告》[①]显示，2022年社交电商市场规模约为4.82万亿元，同比增长7.89%。

然而，社交电商平台的"涉传阴霾"仍未消散，行政及刑事案例频出。如2023年1月，社交电商App蜜源涉嫌传销被广州市天河区市场监督管理局罚没约347万元；2023年5月，公安部对2.2万人参与的河南"美特美"商城网络传销案收网，严厉打击涉传犯罪活动。

由此可见，灵工平台与社交电商平台"联姻"，并不是一件容易的事情，稍

① 中商产业研究院：《2023年中国社交电子商务市场规模及发展趋势预测分析》，载https://www.askci.com/news/chanye/20230817/163034269226103422322572.shtml。

有不慎,便会因社交电商的涉传行为而面临相应法律风险。对此,本部分系统性地梳理了不同合作模式下灵工平台可能承担的法律责任,深入解读灵工平台与社交电商平台的合作风险,并奉上社交电商与灵工平台的合作合规建议。

1. 社交电商与灵活用工的“天作之合”。

为什么说社交电商与灵活用工的邂逅是注定的?

我们自2017年始,为诸多社交电商平台客户提供平台合规服务,发现社交电商往往存在两大雷区:

一是产品推广模式容易涉嫌传销。为了实现快速裂变,社交电商平台通常会就个人分销员的产品推广行为向其支付佣金,但具体结算规则却游走在法律的灰色地带,极易被认定为构成《禁止传销条例》中规定的“拉人头型”[①]传销行为(仅根据其直接或者间接发展推荐的人员数量为依据计算佣金)及“团队计酬型”[②]传销行为(形成上下级团体并以下级的销售业绩为依据计算和给付上级佣金)。

二是底层的个人分销员的个人所得税未能完税。社交电商平台内的个人分销员的收入性质容易被认定为“劳务报酬所得”,根据《个人所得税法》的规定,应当由支付报酬的一方代扣代缴个人所得税。然而,社交电商平台在向个人分销员支付佣金时,往往会是“一刀切”地以“税费”之名扣下收入中部分比例,但实际并未向主管税务机关缴纳该部分款项,因此个人分销员并未实现完税。

针对上述两个问题,我们考量的解决方案是:将底层的个人分销员转变为市场主体(其中成本最低的即为个体工商户),将“个人对个人(C2C)”模式转变为“企业对企业(B2B)”模式,从而在切断层级的时候,依法合规地解决增值

---

① 《禁止传销条例》第7条第1项 组织者或者经营者通过发展人员,要求被发展人员发展其他人员加入,对发展的人员以其直接或者间接滚动发展的人员数量为依据计算和给付报酬(包括物质奖励和其他经济利益),牟取非法利益的行为,属于传销行为。

② 《禁止传销条例》第7条第3项 组织者或者经营者通过发展人员,要求被发展人员发展其他人员加入,形成上下线关系,并以下线的销售业绩为依据计算和给付上线报酬,牟取非法利益的行为,属于传销行为。

税、个人所得税的完税问题。

解法看起来是不是有点眼熟？和灵工平台提供的解决方案实质一致，都是通过转变人的法律主体形式进而转变人和组织的法律关系，同时帮助解决人的结算问题（包括税务问题）。

从这个维度来看，社交电商与灵活用工天然具有极强的契合度。

社交电商客户可通过灵工平台协助商户取得个体工商户身份，再或与灵工平台总包模式结合，该方案同时满足了《电子商务法》对于市场经营主体的要求。

2. 社交电商与灵活用工的爱恨情仇。

近几年，我们在服务于灵工平台企业时，发现灵工平台在与社交电商平台合作时，也存在着一个"致命痛点"——社交电商平台一旦"爆雷"，灵工平台是否会受到牵连？

回答这个问题之前，首先需要分析灵工平台与社交电商平台之间具体的合作模式。

一般而言，灵工平台与社交电商平台的合作模式包括：(1)众包模式，即承揽社交电商平台的产品宣传推广服务后再转包给灵工人员；(2)撮合模式，即直接撮合社交电商平台企业与灵工人员就产品宣传推广服务达成合作。在不同合作模式下，灵工平台承担的法律责任风险也不尽相同。

(1)众包模式。

在该模式下，灵工平台自社交电商平台处承揽产品推广服务，据此向社交电商平台收取业务承揽费用并向其开具增值税专用发票；而后灵工平台将该等服务众包给灵工人员，并向灵工人员支付相应推广服务费用。

若社交电商平台的产品推广模式被认定为构成传销行为，则灵工平台作为业务接包方，实质性地参与到社交电商的运营之中，将面临以下法律风险：

①可能构成组织、策划传销的行为。

灵工平台将自社交电商平台处承揽的产品推广服务众包给其他灵工人员的行为，可能会根据《禁止传销条例》被认定"组织、策划传销的行为"，将由主管市场监督管理部门没收非法财物，没收违法所得，处 50 万元以上 200 万元以下的罚款。

除行政处罚外，对于灵工平台内被相关主管部门认定为组织者、领导者[①]的相关人员而言，其亦可能根据《刑法》的规定被认定构成“组织、领导传销活动罪”，从而面临刑事处罚的法律风险。

②可能构成介绍、诱骗他人参与传销的行为。

根据《禁止传销条例》的规定，灵工平台通过发布平台任务信息并允许灵工人员接包的行为，将可能被认定为“介绍、诱骗他人参与传销的行为”，将由主管市场监督管理部门责令停止违法行为，没收非法财物，没收违法所得，处 10 万元以上 50 万元以下的罚款。

除此之外，如灵工平台根据《刑法》的规定被认定为“引诱、胁迫参加者继续发展他人参加”的，将涉嫌构成“组织、领导传销活动罪”，亦将被依法追究刑事责任。

(2)撮合模式。

在该模式下，灵工平台仅系为社交电商平台提供发布、展示任务信息及为灵工人员提供灵活用工完税解决方案及撮合交易等服务，并作为代收代付方，代社交电商平台向灵工人员发放相应推广服务费。

若社交电商平台被认定构成传销行为，灵工平台虽非传销行为的直接参与方，仅为其运营提供结算辅助服务，但亦存在以下法律风险：

①可能构成为传销行为提供便利条件的行为。

根据《禁止传销条例》的规定，灵工平台可能会被认定为给传销行为提供经营场所等便利条件的行为，将被主管市场监督管理部门责令停止违法行为，

---

① 《关于办理组织领导传销活动刑事案件适用法律若干问题的意见》第 2 条 下列人员可以认定为传销活动的组织者、领导者：(1)在传销活动中起发起、策划、操纵作用的人员；(2)在传销活动中承担管理、协调等职责的人员；(3)在传销活动中承担宣传、培训等职责的人员；(4)曾因组织、领导传销活动受过刑事处罚，或者一年以内因组织、领导传销活动受过行政处罚，又直接或者间接发展参与传销活动人员在 15 人以上且层级在三级以上的人员；(5)其他对传销活动的实施、传销组织的建立、扩大等起关键作用的人员。以单位名义实施组织、领导传销活动犯罪的，对于受单位指派，仅从事劳务性工作的人员，一般不予追究刑事责任。

没收违法所得,处 5 万元以上 50 万元以下的罚款。

②可能构成为传销行为提供互联网信息服务的行为。

根据《禁止传销条例》的规定,如灵工平台被认定为构成为传销行为提供互联网信息服务的行为,由主管市场监督管理部门责令停止违法行为,并通知有关部门依照《互联网信息服务管理办法》予以处罚。

根据《互联网信息服务管理办法》的规定,如属于制作、复制、发布、传播含有法律、行政法规禁止的其他内容的行为,构成犯罪的,将被依法追究刑事责任;尚不构成犯罪的,由公安机关、国家安全机关依照《治安管理处罚法》《计算机信息网络国际联网安全保护管理办法》等有关法律、行政法规的规定予以处罚;对经营性互联网信息服务提供者,并由发证机关责令停业整顿直至吊销经营许可证,通知企业登记机关;对非经营性互联网信息服务提供者,并由备案机关责令暂时关闭网站直至关闭网站。

综上,灵工平台在与社交电商平台合作时,不同模式下的主要法律责任如表 10 所示。

表 10　灵工平台与社交电商平台不同合作模式风险分析表

合作模式	众包模式		撮合模式	
违法行为	组织、策划传销	介绍、诱骗他人参与传销	为传销行为提供便利条件	为传销行为提供互联网信息服务
行政责任	由主管市场监督管理部门没收非法财物,没收违法所得,处 50 万元以上 200 万元以下的罚款	由主管市场监督管理部门责令停止违法行为,没收非法财物,没收违法所得,处 10 万元以上 50 万元以下的罚款	被主管市场监督管理部门责令停止违法行为,没收违法所得,处 5 万元以上 50 万元以下的罚款	由主管市场监督管理部门责令停止违法行为,并通知有关部门依照《互联网信息服务管理办法》予以处罚
刑事责任	组织、领导传销活动罪: 处 5 年以下有期徒刑或者拘役,并处罚金;情节严重的,处 5 年以上有期徒刑,并处罚金		一般不涉及刑事责任	

3. 社交电商与灵工平台的合作合规建议。

通过上文的分析可以发现,灵工平台与社交电商平台的不同合作模式所需承担的法律责任不尽相同。那这是否意味着,为明哲保身,灵工平台应该直接将社交电商“拉黑”、永不合作?

其实不然。灵工平台只需掌握以下两个秘籍,即可掌握社交电商领域的生存指南:(1)审查社交电商平台结算规则的具体内容;(2)采用撮合模式进行合作。

(1)审查社交电商平台结算规则。

审查社交电商平台的结算规则,是灵工平台与社交电商平台合作的根本基础。

正如上文所述,社交电商平台的产品推广模式容易“埋雷”,如果灵工平台未在事前审查社交电商平台与灵工人员的具体推广佣金结算规则,而是贸然与社交电商平台展开合作,那么一旦社交电商平台被认定为“拉人头型”或“团队计酬型”传销行为,灵工平台作为实际参与到传销行为中的一环,将很难仅以“不知情”为由进行抗辩。

因此,灵工平台在审核确认社交电商平台佣金结算规则时,应重点考察:①社交电商平台是否仅以个人分销员直接或者间接发展推荐的人员数量为依据结算佣金;②社交电商平台是否在形成上下级关系的情况下,以下级分销员的销售业绩为依据计算和给付多层上级分销员的佣金。

一旦发现社交电商平台结算规则有上述两种情形,灵工平台应当及时评估是否终止与该社交电商平台的合作,以免与社交电商平台共同被认定为传销行为,从而承担相应法律责任。

(2)采用撮合模式进行合作。

在审查确认社交电商平台的具体结算规则后,灵工平台至少已经筛选掉了很大一部分不合规的社交电商平台。剩下的社交电商平台,起码已经做到了“表面上的合规”,但是否“表里如一”、同样做到了“实质上的合规”,仍有待商榷。

相较于众包模式下灵工平台可能承担的法律责任，灵工平台可以考虑采用撮合模式与社交电商平台进行合作，避免直接参与到社交电商平台的实际运营过程当中，从而降低自身可能面临的法律风险。

4. 小结。

灵工平台与社交电商平台的结合有一定必然性，但风险也是并存的。当面临社交电商平台可能存在的涉传风险时，灵工平台究竟如何才能够做到“独善其身”？

对此，灵工平台应当掌握以下两个秘籍，从而慎重筛选社交电商平台客户，并确认二者最佳的合作模式：第一是审查社交电商平台结算规则，明确是否直接触发涉传红线；第二是采用撮合模式进行合作，避免直接参与到社交电商平台业务运营，尽量降低自身法律风险。

三、灵工人员侧风险

（一）事实劳动关系挑战灵工法律关系

就灵活用工的事实劳动争议案件，我们已经持续更新5年，截至2023年12月，我们总结了共计161个相关争议案件。

由此可见，当下越来越多的企业关注到灵活用工模式的闪光点，陆续将用工模式的转型提上日程，以达到降低用工成本，实现轻量化、灵活化运营的目标。而遗憾的是，实践中部分企业却陷入了对劳动关系构成要件的理解过度浅显化的误区，认为仅将劳动合同改为承揽协议，或协助C端用户设立个体工商户即“万事大吉”，导致这一新型用工模式被误用或滥用，从而失去其应有价值。

笔者通过梳理近5年总计161个针对灵活用工的事实劳动争议案件，提炼裁判要点，深入分析灵活用工模式下法院对于事实劳动关系的认定要素，以求掀开假灵工关系的“盖头”。

1. 认定现状:从 161 起典型劳动争议案例看灵工关系认定。

灵活用工模式一般涉及用工需求方(B 端企业)、灵工平台和自由职业者(C 端用户),近年来灵活用工市场得到快速发展,但由于尚未形成规范化机制,在司法实践中亦存在很大争议。对于灵活用工模式下 B 端企业与 C 端用户之间的性质认定,部分法院认为二者之间为平等合作关系,部分法院则认为构成事实劳动关系。

为便于分析灵工模式下事实劳动关系认定现状,我们梳理了 2018—2023 年 12 月 25 日于中国裁判文书网公开可检索的与灵活用工模式相关的 161 起劳动关系确认相关典型争议案例,从中发现,法院判定 B 端企业与 C 端用户存在事实劳动关系的案件 104 起,占总数的比例约 65%。

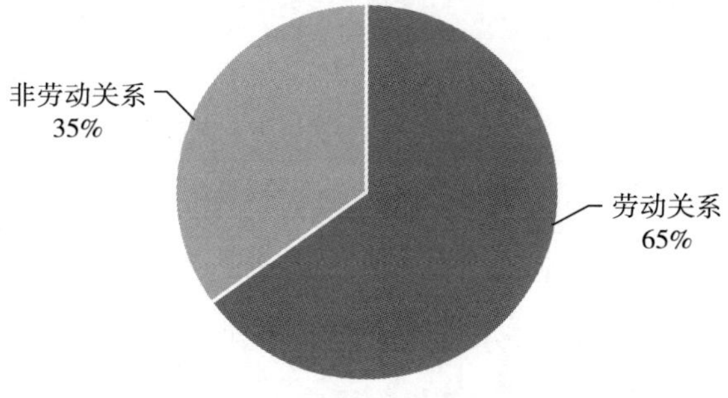

图 35　劳动关系/非劳动关系认定饼状图

其中,C 端用户以个体工商户形式提供服务的有 58 起,占比约 36%。

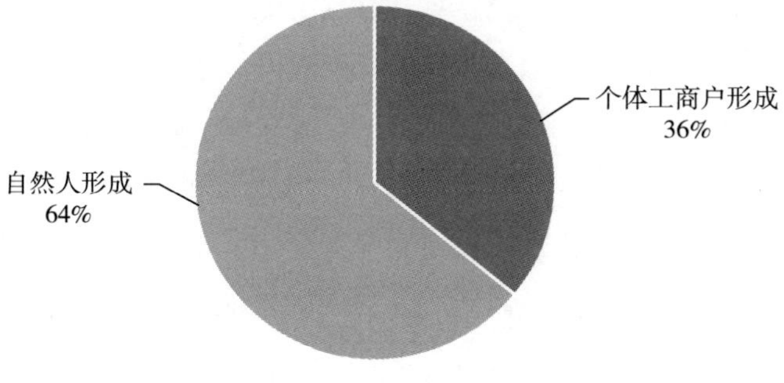

图 36　C 端用户以个体工商户/自然人形式提供服务饼状图

而提起确认劳动关系的起因主要是因解除关系或追索报酬引起（占到总数的 51%）或因 C 端工伤认定或致使他人受伤引起（占到总数的 42%）。

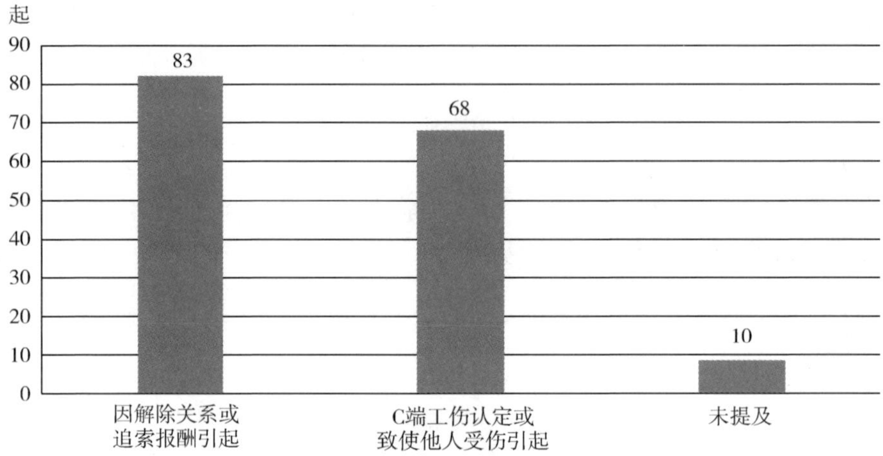

图 37　C 端提起确认劳动关系起因图示

2. 审查要点：事实劳动关系认定审查要点归纳。

在灵活用工模式下出现劳动关系争议时，法院一般是依据 2005 年劳动和社会保障部发布的《关于确立劳动关系有关事项的通知》来判断个人与组织之间是否存在事实劳动关系，然而该文件规定的认定范围过于宽泛，法院的自由裁量权过大，因此我们结合上述典型案例，总结如下审查要点，作为判断灵活用工模式下是否构成事实劳动关系的参考。

3. 掀开盖头：应当如何建立实质上的灵工关系。

从事实劳动关系审查要点归纳图中，我们可以看到，法院的审查要点非常综合。因此，即使 C 端用户为个体工商户（通常被认为不具备劳动者主体资格），法院可能认定“以规避劳动关系为目的要求员工注册个体户行为无效”，从而认为双方构成事实劳动关系。

我们认为，灵工平台需跳出“结算平台”这一舒适圈，切入 B 端实际业务场景，落实总包业务功能，方可掀开假灵工关系的“盖头”，建立实质上的灵工关系。

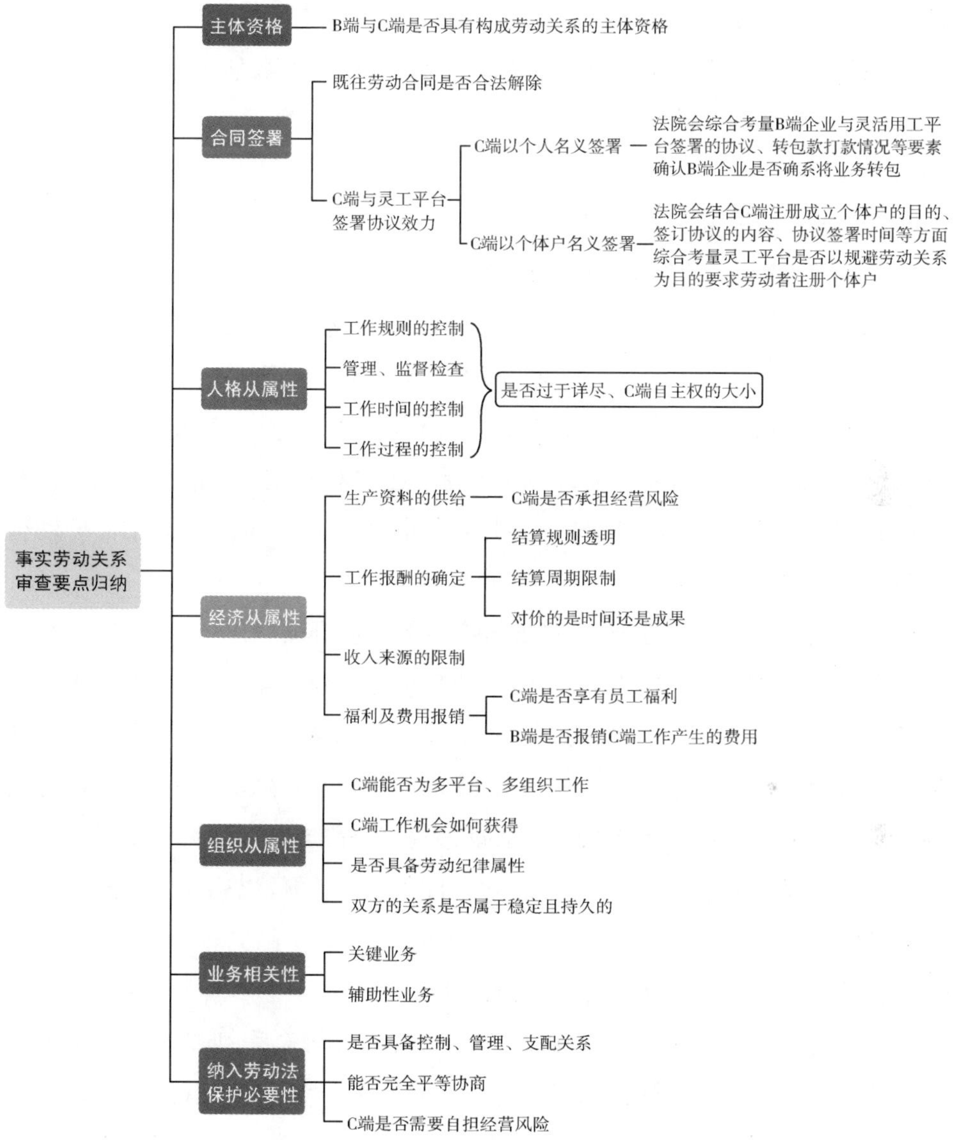

图 38　事实劳动关系审查要点归纳图

(1)不掀“盖头”,风险很大。

以总包模式的灵工平台为例,其从 B 端企业处总包业务并分包给 C 端用户,从而向 B 端企业开具总包发票,并将 C 端发票作为自身的入账凭证。然而,若是认定 B 端与 C 端构成事实劳动关系,那么灵工平台的开票行为就有构成“虚开增值税专用发票”的法律风险,其中虚开的税款数额在 10 万元以上或者造成国家税款损失数额在 5 万元以上即达到立案标准,最高面临无期徒刑的刑罚。

(2)循序渐进,掀开“盖头”。

①关系鉴别:B 端企业与 C 端用户关系厘清。

一方面,灵工平台需要明确 B 端与 C 端是否属于法定的劳动关系。为便于对用工单位及从业人员进行管理,保障特殊行业从业人员的合法权益,国家要求该等行业从业人员必须与用工单位签署劳动合同,建立劳动关系,如房地产经纪人;另一方面,需要明确 B 端企业是否已与 C 端用户切断劳动关系。在 B 端企业转变用工方式前,应与 C 端用户切断劳动关系(包括解除书面劳动合同及切断事实劳动用工关系)。

②合同签署:灵工平台与 C 端签署有效的转包协议。

即使在个体工商户模式下,若转包协议过于笼统或在 C 端个体户成立之前即以个体户名义签署协议,则存在被法院否认 B 端企业或灵工平台与 C 端用户的合作关系的可能。因此,灵工平台应当谨慎设置协议内容,明确约定具体的承揽标的、数量、质量、报酬、履行期限、验收标准和方法等,并把握与个体工商户的协议签署时间节点,在其设立当日或之后签署,以确保业务转包协议的有效性。

③重中之重:灵工平台管理手段的重构。

实际上,无论灵工平台是识别 B 端与 C 端的劳动关系,抑或是严格遵循合同签署时的注意要点,都仅能做到“形式上的合规”,或可降低部分风险,但终究“治标不治本”。若想真正地掀开假灵工关系的“盖头”,在仅有结算功能的灵工平台中是很难做到的,根本方式是重视自身核心价值的提升,从灵工平台应具备的四大核心功能出发[灵工平台除了目前的结算功能、解决人的收益问题(税)之外,也应当具有解决人的来源问题(招聘)、人的管理问题(管理手段和法律关系的分离)和人的社会保障问题(福利和成本的分配)的功能],真正切入B端业务场景中,落实总包承揽的法律关系,把C端变成“自己人”,使得灵工平台的用工形式与用工实质都符合法律和商业实质,踏实地就业务总包费向B端开出发票。

4. 小结。

我们从161起典型劳动关系争议案例入手,从法律关系认定、C端提供服务形式以及提起确认劳动关系的起因的维度,分析了法院对灵工关系的认定现状;并以思维导图的形式,总结归纳了法院对于事实劳动关系的审判要点;最后,我们建议,灵工平台若想建立实质上的灵工关系,除需要注意厘清B端企业与C端用户的实质关系并与C端签署有效的转包协议外,最重要的是跳出结算平台的舒适圈,重构对C端用户的管理手段,方能掀开假灵工关系的“盖头”,显露灵工关系的本质。

(二)劳务报酬所得与经营所得的模糊边界

主播收入性质的认定问题,开启了个人经营所得与劳务报酬的深度较量。

2021年年末雪某、林某因涉嫌偷逃税款问题被杭州市税务局依法查处,查清其偷逃税款总计4000多万元,被依法追缴税款、加收滞纳金并处罚款将近1亿元;2022年年初薇某“步其后尘”,被杭州市税务局查清其偷逃税款及少缴税款总计7.03亿元,被依法追缴税款、加收滞纳金及罚款总计为13.41亿元。

在上述两起主播税务稽查案件中,主播被依法追缴税款、加收滞纳金及罚款的金额之巨大,体现出国家税务总局针对新经济新业态中的税务违法行为予以严肃整顿的决心。

而这两起案件的核心违规点,都在于主播通过设立个人独资企业等市场主体,虚构业务将其取得的劳务报酬所得转变为经营所得,从而偷逃个人所得税。实际上,通过前述手段,利用当地个人所得税核定征收政策以极低的税率申报纳税,已成为直播行业内“公开的秘密”。在更早之前,某明星利用“阴阳合同”、工作室账户隐匿个人报酬的偷逃税案件曾激荡整个文娱圈,一大批明星注册的个人独资企业申请注销。

这一系列一脉相承的稽查案件,涉及两个十分关键的税法问题:(1)劳务报酬所得与经营所得,应当如何区分?(2)应用到直播行业,该如何进行判断?

1. 经营行为与劳务行为的区分要点。

根据《个人所得税法实施条例》的规定,劳务报酬所得与经营所得的适用对象均包括"个人",其所列举的劳务行为/经营行为有所重叠(如讲学、医疗、咨询等),而二者适用的税率截然不同,劳务报酬属于综合所得,适用3% ~45%累进税率;经营所得则适用5% ~35%累进税率(见图39)。

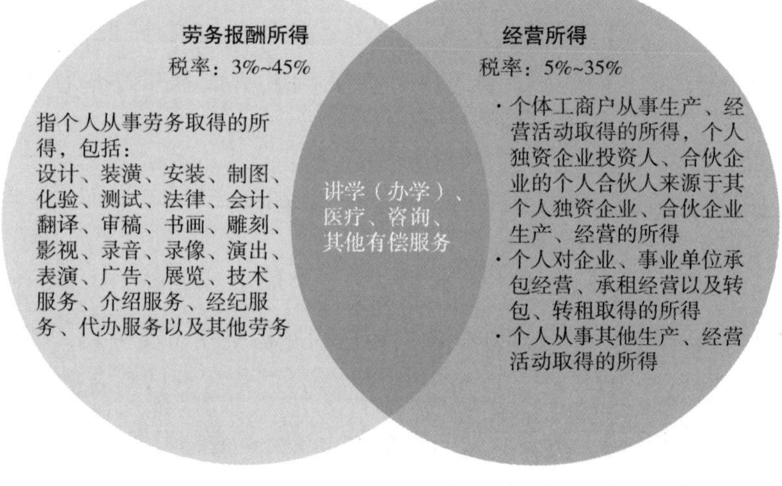

图39 《个人所得税法实施条例》列举的劳务行为/经营行为重叠图示

而根据《增值税暂行条例》的规定,劳务行为和经营行为在增值税项下一般均为应税行为,作为纳税人应缴纳增值税,并负有向支付报酬/费用的一方提供增值税发票的义务。

在区分经营行为还是劳务行为时,一般地方主管税务机关会首先查看是否落入《个人所得税法实施条例》中针对劳务行为所规定的"正列举"项目里。如在税务实践中,有地方税务机关将"秀场直播"行为认定为"表演",从而将主播所得归入"劳务报酬所得"之列。

但劳务行为与经营行为毕竟有所重叠,直播行为的定性也较为模糊,究竟应如何从实质上判断二者的区别？

其实，透过现象看本质，劳务行为与经营行为的核心区别点在于：劳务行为对应的交付物是劳务，而经营行为对应的交付物是成果。如某商家邀请某主播进行直播带货，不管这位主播最终呈现的直播效果如何，只要是这位主播做的直播，该商家都会支付费用，那么该主播其实提供的交付物是劳务（是否构成“广告代言”行为按照“特许权使用费所得”申报纳税有待探讨，本部分暂不讨论）；但如果该商家要求此次直播所转化的销售额须达到某一数额，至于具体怎么达到这个目标商家不管（可以是主播自己决定直播形式和文本，也可以是主播再另外邀请别的主播/明星进行引流），最终商家也是根据直播效果向该主播付费，则此时该主播提供的交付物实际为成果。

那么，如何判断交付物是属于劳务还是成果？对此，我们参考了国家税务总局针对各个行业的特别规定或批复，梳理、总结出以下辨别方式：

（1）看是否作为合同签署与对外履约主体。

对于第三方而言，提供劳务的一方主体通常不会是合同的直接签署对象，而是由支付劳务报酬的一方进行签署。例如商家一般是和 MCN 机构签署直播服务协议，而非与 MCN 机构签约的某个主播单独签署协议；但对于取得经营所得一方主体，其通常会与第三方直接签署合同并享受合同权利、履行合同义务。

（2）看是否需要承担经营风险、自负盈亏。

根据国家税务总局发布的《建筑安装业个人所得税征收管理暂行办法》第 3 条的规定，承包建筑安装业各项工程作业的承包人取得的所得，应区别不同情况计征个人所得税：经营成果归承包人个人所有的所得，或按照承包合同（协议）规定、将一部分经营成果留归承包人个人的所得，按对企事业单位的承包经营、承租经营所得项目征税；以其他分配方式取得的所得，按工资、薪金所得项目征税。从事建筑安装业的个体工商户和未领取营业执照承揽建筑安装业工程作业的建筑安装队和个人，其从事建筑安装业取得的收入应依照个体工商户的生产、经营所得项目计征个人所得税。从事建筑安装业工程作业的其他人员取得的所得，分别按照工资、薪金所得项目和劳务报酬所得项目计征个人所得税。

由此可以推论，如个人取得相关所得需承担经营风险，取得的所得和经营成果挂钩的，其所得应作为“经营所得”缴纳个税。且从计税依据来看，经营所得是对收入减去实际发生的成本、费用、损失后的余额征税，本质是对个人的经营利润征税；而劳务报酬所得是对收入扣除固定金额或比率的余额征税，本质是对个人的经营收入征税。

(3)看是否承担服务质量责任。

一般而言，取得劳务报酬所得一方，是按支付报酬一方的要求指示提供服务，服务完成后即完成义务，一般不对外就服务质量承担额外的责任；而取得经营所得一方，其需对整个生产经营活动进行计划、组织、控制、协调，以实现其任务和目标，如服务成果不达预期或出现服务质量问题，经营一方需对外承担相应的法律责任。

2. 主播收入性质如何判断？

知道了如何区分劳务行为及经营行为，又该如何运用到直播行业中？

鉴于最近两起主播稽查案例均涉及带货主播，笔者以带货主播就直播带货行为所获得的收入为例，基于上文劳务行为与经营行为的区分原则，探讨主播收入性质的判断路径。

在业内，一般可以将主播划分为两类：一类是“野生主播”，他们没有和任何直播平台或公会/MCN机构签约，完全凭借自己的资源和能力做直播；另一类则为“签约主播”，他们会和直播平台或公会/MCN机构签约，借助机构赋能完成直播。对于不同类型的主播，其收入性质亦大不相同：

对于签约主播而言，其一般是由其所签约的机构对外对接商业资源，并以机构名义签署合同，只是会在合同中指定具体主播完成特定直播服务。在这一情形下，主播并未以自己名义对外签署合同，不需就直播带货效果直接对外履行义务、承担责任，也几乎未承担经营风险(直播间、直播设备大多由机构统一采买配置)，其实质还是向机构提供劳务而非服务成果，故其所得应当归入劳务报酬所得。即便此时签约网红套了个体工商户、个人独资企业、合伙企业乃至公司的“马甲”，也无法仅仅凭借此外观，而一揽子将其所得认定为经营所得。

但对于野生主播，或虽为签约主播但与机构之间的合作关系较为松散、仍以其个人或其设立的市场主体名义对外签约合同，直接履行义务承担责任，并作为开票主体就其所得对外开具发票的，其所得是否仍然因落入劳务行为“正列举项”（可能是“表演”“广告”或“其他劳务”等）而被“一刀切”地判定为劳务报酬所得，还值得进一步商榷。在业务确保真实且主播能够提供充分证据证明的前提下，还是应当回归业务实质进行判断。

不过需要明确的是，经营所得并不意味着核定征收。

即使主播收入是被认定为经营所得，也不表明主播可以直接适用当地的个人所得税核定征收政策，只有在符合《税收征收管理法》中规定的会计账簿不健全、无法查账征收以及计税依据明显偏低等特定情形下才能适用，否则仍应实行查账征收，在确认收入及成本等费用后，按照5% ~35%的累进税率进行申报纳税。

3. 小结。

辨别经营行为与劳务行为的核心，在于把握住交付物是“劳务”还是“成果”的判断原则，基于“合同签署主体”“对外履约主体”“自负盈亏”“责任承担主体”“开票主体”等要素，结合主管税务机关的判定依据及实操路径，进行综合实质性判断。

聚焦到这两起带货主播稽查案件，虽然目前均未披露具体的处罚决定书，也无从得知主管税务机关区分劳务行为及经营行为的判断标准，但对于主播而言，其在享受新经济新业态所带来的红利的同时，更应当“守住底线、不越红线”，不应抱有侥幸心理，而是应当根据业务实质，按照对应的收入性质进行申报纳税；同时做好不同性质收入的明确区分，切不可混同，更不得非法转化收入性质、隐匿收入以偷逃税款。

四、灵工平台核心服务商侧风险

围绕灵工平台向其服务的最大服务商，莫过于资金结算机构。囿于资金支付结算牌照等限制因素，灵工平台服务商市场中资金结算服务一枝独秀，成为各大金融机构争相开拓的创新业务，随着万亿级资金市场的形成，也的确带来了丰厚的利润。

服务商的真正持续价值应当是助力产业的健康发展，通过优良的解决方案让产业链更加合规。然而灵工平台自 2017 年起步到进入急速发展期的这 6 年，尚未在二级资本市场传来好消息。其中固然基于灵工行业自身经营特质及原生自带的风险（包括"叠加"的业务风险、"离散"的股权架构、"重仓"的部门监管、"多样"的商业模式的定位难度），使得不少投资人望而却步，在资本市场也纷纷"遇冷"。

但究其根本，我们认为，问题的核心症结在于"结算"二字。正如我们在本书第九章"灵工平台为上市铺设'合规之路'，打破结算'魔咒'"部分所提到的，灵工平台想要在主流的总包服务模式下实现业务合规，摆脱"结算"属性，获得资本市场的青睐，核心是深耕某一垂直细分领域（而非泛行业）并落实业务总包实质。

然而，"结算"转向"总包"之路漫漫，路上埋着不少的坑。结算工具就是其中一个大雷，也最容易被灵工平台忽略。虽然这些结算工具能够解决用工企业、灵工平台及灵工人员之间的资金信任难题，但稍有不慎，反而坐实了"结算"属性，正所谓"成也萧何、败也萧何"。

（一）灵工平台上市核心障碍：总包 VS 结算

灵工平台外表如此光鲜、交易总额如此之高，为何迄今为止，尚无成功上市案例？

背后的原因林林总总，但最核心问题之一在于：灵工平台动辄几百亿元的销售额,究竟是属于收入,还是流水?

从不同的维度分析这个问题,可能会对应不同的分析路径及结论:

1. 从上市法律合规视角来看,如果灵工平台与上游用工企业及下游灵工人员之间,确实构成业务承揽关系,灵工平台及灵工人员承担了与其所承揽业务相称的经营风险并自负盈亏,则灵工平台自用工企业收取的费用应当属于收入,否则灵工平台向用工企业开出的那一张增值税专用/普通发票背后将无真实业务支撑,则涉嫌虚开发票。

2. 从上市财务合规视角而言,会更关注灵工平台对于承揽的业务是否享有定价权。如果说,灵工平台向灵工人员支付的业务承揽费用完全是由用工企业决定的,灵工平台在其中更多只是实质承担资金结算、代收代付功能,则其自用工企业取得的收入应当按照净额法(就其收入扣除应支付给灵工人员的服务费后的净额作为收入总额)而非总额法确认为收入。

3. 从上市财务 IT 审计视角出发,则更多关注灵工平台的系统功能设置。若平台未上线接发包、成果交付与验收等功能,更多的只是完成用工企业对于灵工人员的资金发放功能,那么也与总包模式下的系统功能设置不匹配,难以支撑和佐证财务上将自用工企业处收取的费用认定为收入的判断。

总结而言,上述问题的关键点,还是在于灵工平台能否在法律、财务、IT 等多个维度实现与总包业务模式的对应、匹配,并能够提供相应证据予以佐证。

(二)灵工平台结算工具:帮手还是"帮凶"?

对于灵工平台而言,应该如何落实总包业务模式,涉及方方面面,主要包括匹配层(解决灵工人员的来源问题)、交付层(解决业务真实性的问题)、支付层(解决支付和税务问题)及保障层(解决人的保障问题)等。

支付层属于其中的重要一环,也是用工企业在挑选灵工平台时格外看重的要素之一。当前,灵工行业主流的结算产品众多,但大多侧重点都在于通过三方监管解决资金信任问题,确保用工企业打入灵工平台账户的资金能够顺利、便捷、安全地支付至灵工人员的个人账户,而忽视了根据灵工行业的自身特性进行产品改造,反而“拖”了灵工平台的“后腿”。

对此,我们选取了以下两类典型的支付结算产品,看看从产品业务逻辑上,这些结算工具究竟是帮了“大忙”还是帮了“倒忙”:

1. 银行代发产品。

目前,不少灵工平台会接入银行代发产品向灵工人员支付费用,主要原因在于:一方面,旗下灵工人员众多,动辄百万量级,确实需要一款高效、便捷的支付工具;另一方面,也能够向用工企业证明其具备批量、按时、足额地向灵工人员支付费用的能力。

原本这类产品多见于传统劳动用工的业务场景下,帮助用人单位及时、批量完成工资薪金的发放。但简单挪用到灵活用工场景下,一个“代”字,却完全改变了资金的性质。灵工平台本来是承揽用工企业的业务并背靠背地众包给灵工人员,却在外观上变成了帮助用工企业向灵工人员代发服务费的“中间商”。是否因此涉及“无支付牌照从事代收代付业务”暂且不论,光这一个“代”字就坐实了灵工平台属于“结算”而非“总包”。

2. 某 B2B2C 支付产品。

除银行外,不少支付机构也专门针对灵活用工行业推出了 B2B2C 支付产品,在该类产品项下,款项由用工企业转账给灵工平台后款项冻结,灵工平台发起转账指令之后,需由用工企业进行确认后方可执行转账指令,用工企业则可以查看全链路的交易信息。

从整个资金审批流向可以看出,原本与灵工人员背靠背的用工企业却实质控制了资金的流入,灵工平台的费用支付都受制于用工企业的结算指令,完全沦为结算开票工具。

由此不难看出,不少支付机构面向灵工平台推出的结算产品,更多的只是换汤不换药,简单地包装了一层“灵活用工”的伪装外套,实质还是传统用工的那一套业务逻辑,导致灵工平台四流不对应,成了“四不像”。

(三)小结

结算工具作为支付层中的重要一环,却悄然从“帮手”变成了“帮凶”,反而帮助灵工平台坐实了“结算”属性。

对此，灵工平台在选择结算产品时，需要甄选真正符合灵活用工场景、实现自身对于资金把控权的产品，以免在支付环节出现“四流不一”，不仅涉及收入定性，还可能涉嫌发票虚开。

而对于支付机构而言，则应当改变传统劳动/劳务用工或人力资源模式下适用的结算产品的功能和逻辑，在解决资金信任问题的同时，真正结合灵工平台总包再分包的业务实质，设计对应切合的支付解决方案。比如除在传统反洗钱等资金风控模型之外，增加业务真实性识别风控模型，以辅助灵工平台识别注水结算、虚假结算等问题；又如在不对灵工业务性质定性造成影响的情形下实现资金安全监管，保障支付安全等。

回到先前的逻辑，对于灵工平台而言，服务商所提供的核心价值产品，应当有助于平台的合规，而不仅仅满足于单一的“资金安全”这一控制维度，否则将导致灵工平台沦陷在成本为王的恶性竞争中。

五、灵工平台自身侧的风险

（一）灵工平台风险穿透的实质问题

风险穿透问题，通常是顺藤摸瓜，看利益“输送”的链条。渠道费、技术服务费、平台使用费等关联方的资金支付链路，使得灵工平台深陷关联交易旋涡，导致主体间风险穿透。

由于灵工平台股权架构复杂，在对渠道方支付费用时，往往会涉及关联交易问题，导致风险穿透。

我国《公司法》等法律法规对关联交易规制的逻辑基础，就在于关联交易容易导致突破公司法人独立地位和股东有限责任，损害其他方利益。法人的独立人格，体现在财务独立、人员独立、机构独立等几个方面，且法人需要有独立的意思表示、能自主决策。股东的有限责任，是指有限责任公司的股东以其所认缴的出资额为限对公司负责。

而关联交易，往往是按照控股股东或实际控制人的单方意志决策，无法体现法人自身的独立意志和意愿，故会导致“刺破法人面纱”，突破股东的有限责任。2023 年 12 月 29 日，第十四届全国人大常委会第七次会议表决通过新修订的《公司法》，自 2024 年 7 月 1 日起施行。修订后的《公司法》进一步加重了对股东滥用法人独立地位和股东有限责任损害公司利益应承担的连带责任。2023 年《公司法》第 23 条规定：“公司股东滥用公司法人独立地位和股东有限责任，逃避债务，严重损害公司债权人利益的，应当对公司债务承担连带责任。股东利用其控制的两家以上公司实施前款规定行为的，各公司应当对任一公司的债务承担连带责任。只有一个股东的公司，股东不能证明公司财产独立于股东自己的财产的，应当对公司债务承担连带责任。”

也就是说，在灵工平台母子公司伞状架构中，任意业务子公司间存在关联交易，损害债权人利益，那么灵工母公司及其股东、关联交易的业务子公司均需承担连带责任。

1. 灵工平台所涉关联交易问题（以渠道费为例）。

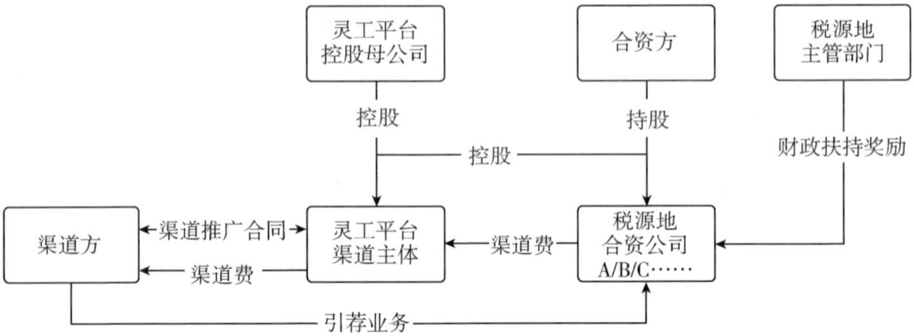

图 40　灵工平台渠道费支付链路图

在灵工业务中，税源地是灵工平台的立身之本，灵工企业往往会与具有税源地落地能力的合资方合作，成立多家税源地合资公司，并和税源地主管部门签署相关的《财政奖励协议》，基于对当地做出的经济贡献取得相应的财政扶持奖励；为了拓客及风险隔离所需，灵工企业大多会单独成立一个渠道主体，与具备丰富 B 端企业资源优势的渠道方签署《渠道推广协议》，由渠道方为灵工企业的多家税源地合资公司引荐业务，完成经济贡献指标。

就上述灵工平台的渠道推广业务链路，渠道费的支付路径为：税源地合资公司基于渠道方推荐的客户完成经济贡献指标、取得财政扶持奖励后，会向灵工平台渠道主体支付渠道费，灵工平台渠道主体会向渠道方支付渠道费，涉及关联交易问题，易被税务机关怀疑业务的合理商业逻辑，从而受到税务稽查。

2. 灵工平台关联交易的法律风险。

灵工业务冗长的渠道费的支付链路可能被主管税务机关认定不符合业务实质，无商业合理目的，且属于关联交易，存在被主管税务机关进行纳税调整并补征企业所得税的风险；若灵工业务渠道主体无真实业务而向税源地合资公司开具增值税专用发票，亦涉嫌虚开增值税专用发票；同时，由于灵工平台股权架构复杂性，往往属于“一套人马，多张牌子”，子公司独立性存疑，可能导致风险穿透。

(1) 进行纳税调整补征所得税风险。

若税源地合资公司与灵工平台渠道主体未按照独立交易原则进行业务往来，主管税务机关将有权按照合理方案进行调整，并补征企业所得税。

根据《企业所得税法实施条例》的规定，独立交易原则，是指没有关联关系的交易各方，按照公平成交价格和营业常规进行业务往来所遵循的原则；根据《税收征收管理法》的规定，不按照独立企业之间的业务往来收取或支付价款、费用，而减少其应纳税的收入或所得额的，税务机关有权进行合理调整。

(2) 业务真实性存疑导致的虚开增值税专用发票风险。

税源地合资公司与灵工平台渠道主体无真实的引荐业务，而灵工平台渠道主体又向税源地合资公司开具增值税专用发票，存在被认定为虚开增值税专用发票的风险。

根据《刑法》第 205 条的规定，虚开增值税专用发票或者虚开用于骗取出口退税、抵扣税款的其他发票的，处 3 年以下有期徒刑或者拘役，并处 2 万元以上 20 万元以下罚金；虚开的税款数额较大或者有其他严重情节的，处 3 年以上 10 年以下有期徒刑，并处 5 万元以上 50 万元以下罚金；虚开的税款数额巨大或者有其他特别严重情节的，处10年以上有期徒刑或者无期徒刑，并处5万元以上50万元以下罚金或者没收财产。

单位犯上述规定之罪的，对单位判处罚金，并对其直接负责的主管人员和其他直接责任人员，处3年以下有期徒刑或者拘役；虚开的税款数额较大或者有其他严重情节的，处3年以上10年以下有期徒刑；虚开的税款数额巨大或者有其他特别严重情节的，处10年以上有期徒刑或者无期徒刑。

虚开增值税专用发票或者虚开用于骗取出口退税、抵扣税款的其他发票，是指有为他人虚开、为自己虚开、让他人为自己虚开、介绍他人虚开行为之一的。

(3)灵工集团主体间风险穿透。

实践中，灵工业务渠道主体、税源地合资主体往往皆由灵工业务控股母公司实际控制，财务、人员、管理等方面存在混同，各子公司不具备独立的法人人格，根据2023年《公司法》第23条的规定，会出现灵工集团主体间风险穿透的问题，灵工业务渠道主体或税源地合资公司一旦出现风险事件，可能会导致控股母公司甚至控股母公司的股东“连坐”，对债权人承担连带责任。

(二)灵工领域面临的主要数据合规问题

数据资产入表政策突如其来，灵工平台能否接得住财政部的福利大派送？财政部制定印发了《企业数据资源相关会计处理暂行规定》(财会〔2023〕11号)，自2024年1月1日起施行。这意味着灵工平台的大量数据，可以通过确权形成数据资产，并固化为资产。数据资产/资源确权的前提是数据合规。

灵活用工领域的数据合规管理问题已十分严峻，在我们经办的案例中，发现一系列比较典型的问题：个人信息被大量过度收集；大量业务和个人信息被随意存储；重要业务内容相关数据和敏感个人信息没有做分级分类授权管理，销售能随意带走数据；在多主体的集团公司内部随意共享数据；数据所有权归属哪个法律主体不清晰，等等。

因此，我们清晰地认识到，灵工平台的数据合规问题将成为下一个合规的

"重灾区"。本书数据合规相关的核心内容我们在《成功CEO的临门一脚:数据合规管理》一书中均有分析。之所以将灵工平台的数据合规作为典型的案例在数据合规管理一书中展开阐述,正是因为我们看到了灵工平台在数据合规治理维度上认知的极度匮乏,这与实际中数据体量巨大且数据维度综合所带来的风险直接产生了不可调和的冲突。

基于灵工平台独特的运营模式,平台方是在用工需求方和灵活就业的个人主体之间构建桥梁,完成匹配以及相关的服务收入结算和收入报税等系列服务合集,因此,灵工平台作为数据的集合平台会收集大量个人信息(含敏感个人信息),如会存在所采集的数据在灵工平台的集团内共享,与业务需求方、第三方服务商或政府部门共享等,相关问题在前文对应的篇章均有展现。

总包模式下的灵工平台本质上是一个半封闭的互联网生态平台,平台所承载的数据维度极其丰富,并随着灵工平台生态的延展,包含了交易数据、金融数据、政务接口数据等,个人信息包括敏感个人信息的载量动辄百万以上,按照《数据安全法》和《个人信息保护法》,属于重点关注的数据处理企业,数据合规已箭在弦上。

启动数据合规,核心目标是保障企业自身业务可持续,不论是当下流行的业财一体、业控一体还是业数一体,在本质上都体现为数据治理的成本项思维向业务端价值的转换。在数据治理维度,不仅要提供敏捷高效的企业数字化响应,还需提供嵌入业务端默认式的合规呈现,最终保障业务的连续性。在此维度上,数据合规并没有一蹴而就的通行版本,而是要基于行业的自身特性,定位数据流,并掌握数据全生命周期,在保障业务的同时,实现数据利用的终极价值。

因此,本篇通过梳理灵工平台的数据全生命周期,总结灵工平台面临的数据安全及合规问题。

1. 灵工平台的数据全生命周期解析。

(1)灵活用工平台的数据全生命周期。

随着灵工平台的进一步发展,其处理数据的场景越来越多,也越来越复杂。以某灵工平台为例,其目前已不仅满足于为用工企业及灵工人员提供结算功能，而且通过加载更多的增值服务来为灵工平台进行赋能，如为灵工人员提供保险服务、金融服务，等等。此时，灵工平台不可避免地会涉及与第三方保险服务商、金融服务商共享灵工人员的数据，若灵工平台未就该等数据共享规则向灵工人员进行说明并获得灵工人员的同意，或虽已获得灵工人员同意但在实际共享过程未遵照规则进行共享的，则将会埋下数据安全的隐患，亦涉嫌侵犯灵工人员的数据权益。

灵工平台在运营过程中通常会历经以下数据生命周期：从最开始针对灵工人员的个人信息（含敏感个人信息）收集，到将前述收集的用户数据传输至主管市场监督管理机构及主管税务机关以完成工商登记、税务登记、申报纳税等事宜，到存储数据以供后续数据的调用及大数据分析，再到不同业务功能下的数据的使用及共享，直至最终应用户要求或在用户注销账号时进行数据删除或匿名化处理。

具体而言，灵工平台的数据全生命周期如图41所示：

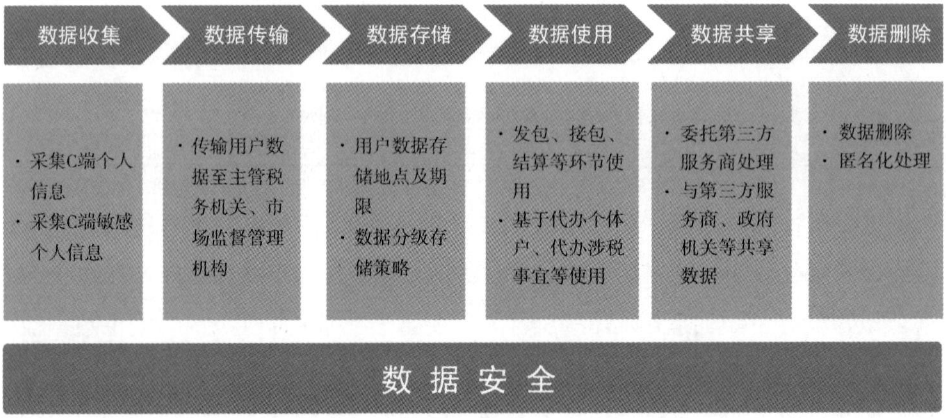

图41　灵工平台的数据全生命周期图

（2）概念厘清：个人信息处理者或受托人。

如上文所述，不可否认，灵工平台会接触大量的数据，但对于灵工平台自身而言，其是否真正拥有这些数据？其是否应当对该等数据的安全及合规负责？上述问题的核心点在于，灵工平台在不同模式下，究竟属于个人信息处理的哪种角色,是个人信息处理者还是受托人?

根据《个人信息保护法》,个人信息处理者指在个人信息处理活动中自主决定处理目的、处理方式的组织、个人;受托人指接受委托处理个人信息的主体。

对于灵工平台而言,在总包模式项下(此处是指实质意义上的总包模式,非仅为结算资金而采取的"假总包"模式),用工企业、灵工平台及灵工人员是背靠背签署协议,用工企业与灵工人员之间并无直接的法律关系,其无法直接控制灵工人员;而灵工平台作为直接与灵工人员发生法律关系的一方,对于灵工人员的数据享有控制权,能够直接决定数据的使用目的及处理方式,因此,在总包模式项下,灵工平台属于"个人信息处理者"。

但在撮合模式①项下,灵工平台仅撮合用工企业与灵工人员之间建立合作关系,不实质参与到业务承揽过程中,其仅系根据用工企业的要求及指示处理灵工人员的数据,因此,在撮合模式项下,灵工平台属于"受托人"。

2. 灵工平台主要面临的数据安全及合规问题。

由于灵活用工行业仍处于高速发展阶段,灵工平台对于平台数据安全并未予以足够的重视。虽然天津市市场监督管理委员会出台了首个针对灵工平台的数据安全地方标准《共享经济灵活就业人员管理与服务平台基本安全要求》(DB12/T 996 - 2020),但该地标对平台的数据安全问题约定得较为简单和笼统,对于灵工平台的指导意义不强,大部分灵工平台在数据的全生命周期项下,仍然基本没有遵循个人信息保护的基本原则,数据合规问题存在严峻挑战。

具体而言,灵工平台主要面临的数据安全及合规问题如下:

(1)数据收集:未经明示同意收集或过度收集灵工人员个人信息。

目前,虽然绝大多数灵工平台都会公示相关的用户注册协议及隐私政策,

---

① 用工企业在灵工平台处匹配合适的灵工人员,并与其建立合作关系。

但基本都是简单借鉴各大头部平台的协议，并未重视隐私政策所公示内容的完整性、精确性及合规性。如部分灵工平台未根据自身平台功能设置对应的数据收集使用规则，或在未经用户同意隐私政策前就开始收集、上传个人信息，以致隐私政策形同虚设。

除此之外，部分灵工平台还存在过度收集个人信息的情形。国家互联网信息办公室、工业和信息化部、公安部及国家市场监督管理总局出台的国信办14号文明确移动互联网应用程序运营者不得因用户不同意收集非必要个人信息，而拒绝用户使用基本功能服务。然而在实践中，大量灵工平台App或微信小程序收集的个人信息与其实现的产品功能并没有明确关联，甚至明显超出合理范围。如在灵工人员的身份验证环节，收集灵工人员的手机号码、验证码、姓名、身份证号码等数据是必要的，但是强制要求灵工人员提供人脸验证视频信息，则明显超出数据收集的最小必要原则，构成过度收集个人信息的行为。

(2)数据传输：未采用加密等安全措施传输数据。

当灵工平台收集到灵工人员的个人信息，基于不同的运营模式将数据传输至其他第三方，但针对数据传输过程存在并未完全采用机密等安全措施的情况。如在灵活用工个体工商户模式下，灵工平台往往会与当地工商注册登记平台IT对接，将灵工人员批量注册个体工商户所需要的个人信息进行传输，但未采取加密等保护措施。在此过程中容易出现数据泄露、丢失等情形。

(3)数据存储：未明确存储地点及存储期限，亦未实现分级存储。

为了便于后续数据调用及大数据分析，灵工平台往往会存储部分灵工人员用户数据，但并未明确数据存储地点(如是否存在跨境运输)及存储期限，以及超期限后的数据处理规则。

同时，在数据存储方面，灵工平台并未完全实现数据的分级分类管理制度，未针对数据分类分级结果采取不同的数据存储策略，针对敏感个人信息亦未实现加密存储等。

(4)数据使用:超范围使用灵工人员个人信息。

实践中,灵工平台还存在未在平台隐私政策约定的范围内使用灵工人员个人信息的行为,且并未就此行为再次征得灵工人员的明示同意。如隐私政策中明确身份证数据仅用于平台基础业务功能,但灵工平台却将该等数据用于平台增值业务功能(如用于保险服务),则构成超范围使用灵工人员个人信息的行为。

(5)数据共享:共享规则不清晰。

实践中,灵工平台的法律组织特点是多主体集团公司形态,数据采集主体和数据处理主体往往不一致,因此涉及数据转移和数据共享的问题。

另外,灵工平台涉及的外部数据共享场景很多,包括基于监管需求与政务部门进行共享、基于增值服务赋能与第三方服务商进行共享、基于内部运营需求在关联公司间进行共享。

然而,不少灵工平台并未向灵工人员和外部第三方等合作机构明确数据共享目的及共享规则,或虽然明确但实际并未与数据共享方共同遵守该共享规则,导致个人信息被擅自共享。

(6)数据删除:未设置删除路径,亦未实现匿名化处理。

通常,当灵工人员要求、灵工人员注销账户或灵工平台停止运营时,灵工平台应当删除或匿名化处理灵工人员的个人信息。但绝大部分灵工平台并未设置灵工人员可以自主选择删除其个人信息的路径;即便灵工人员已注销账户,其此前被收集的个人信息仍留存于灵工平台之内,亦未能实现匿名化处理。

随着灵活用工行业的发展,与数据相关的处理行为和功能会逐渐增多,自动化画像推送问题、数据融合问题、数据迁移等问题会不断涌现,平台所面临的数据安全责任和压力以及合规要求都将不断增加。

3. 小结。

在灵活用工总包模式下,灵工平台作为数据处理者,决定着灵工人员个人信息的使用目的和处理方式,故应当对灵工人员的个人信息负责。

尽管灵活用工的运营过程中历经数据的全生命周期，且涉及大量的个人信息，但灵工平台对数据安全的重视程度并不高，整体数据安全能力薄弱，在数据收集、运输、存储、使用、共享及删除等环节均面临着严峻的数据合规问题。灵工平台如想进一步发展，必然需要承担更高的数据安全责任及合规要求。

除上述列举的责任和义务之外，总包模式下的灵工平台在实践中还存在服务交付物所对应的数字化所有权归属问题，这是这类灵工平台目前面临的运营模式和数据合规的核心冲突点。我们将在下一篇讨论整体数据合规的基础上，进一步论证数据合规与运营模式之间的风险问题。

（三）灵工平台数据合规与运营模式的冲突

我们从灵工平台数据生命周期视角看到了数据处理的诸多风险点。但实际上，之所以数据合规在各个领域和行业有其独特性，是因为数据合规的目标是为业务的合规和连续性提供保障。因此，当厘清风险和明晰手段之后，更需要关注领域自身带来的运营问题，如何通过数据处理去匹配和化解运营造成的风险，以及反过来可能对数据合规造成的压力。

以灵工平台的商业运营模式为例，总包模式灵工平台最大的合规障碍就是此前讨论的坐实“总包”的法律性质问题。这个问题映射到数据合规维度上，就面临下述双罚制下的高额收入罚：

《个人信息保护法》中规定，对于违法处理个人信息，或处理未履行个人信息保护义务，且情节严重的个人信息处理者，采取“双罚制”：

1. 针对个人信息处理者本身。针对一般情节，除有关部门责令改正、没收违法所得外，拒不改正的，并处 100 万元以下罚款；针对严重情节，将并处 5000 万元以下或上一年度营业额 5% 以下的罚款，并可以责令暂停相关业务或者停业整顿、通报有关主管部门吊销相关业务许可或者营业执照。

2. 针对个人信息处理者的直接责任人。针对一般情节，将处以 1 万元以上 10 万元以下罚款；针对严重情节，将处以 10 万元以上 100 万元以下罚款，且可能禁止其在一定期限内担任相关企业的董事、监事、高级管理人员和个人信息保护负责人。

这一规定对于个人信息处理者的处罚重点在“营业额”三个字上。营业额在财务上的定性是“可以确认的收入”,“翻译”为法律语言,即意味着个人信息处理者对这笔收入背后的权利义务负全责(包括对结果交付物负责,尤其是交付瑕疵环节的成本承担)。从这个角度来看,很多灵工平台的“流水”在法律上的定性并非收入,原因在于“流水”对应的权利和责任并未转移到灵工平台自身,灵工平台对“流水”所对应的交易并没有决定权。

随着互联网平台业务模式的不断创新,大量的“自营”与平台“撮合”的平台责任边界越发模糊,很多灵工平台既扮演“裁判员”的角色又扮演“运动员”的角色。

根据对灵工平台案例的讨论,我们发现,行业内既有的模式经过不断创新,出现了总包模式和平台模式的叠加。在这种情况下,平台若是面临全年营业额5%的处罚,在具体应用场景中应当承担的责任边界在哪里?如何认定平台上参与各方的担责比例?监管实践中是否有可以遵循的思路?

对此,我们从灵工平台“流水”与营业额之间的关系入手,探究这类平台企业的“流水”之困,明确互联网平台履行个人信息安全合规义务、避免高额罚金的破解路径。

1. 违法处理个人信息,最高可罚5000万元或上一年度营业额的5%。

我们先将我国《个人信息保护法》与欧盟《通用数据保护条例》(General Data Protection Regulation,GDPR)中有关个人信息处理者法律责任的规定作了横向对比,通过对比,能够直观理解立法上的差异和国内企业需要关注的点,如图42所示。

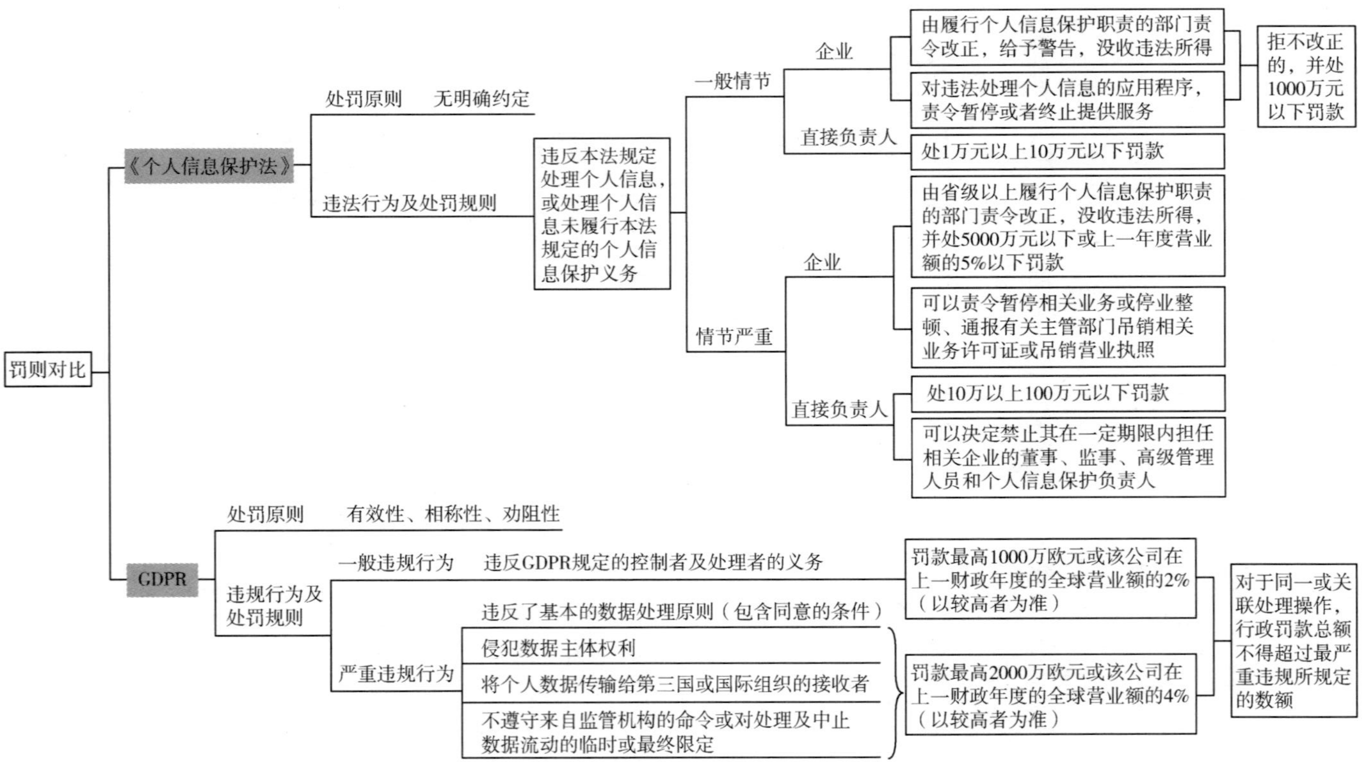

罚则对比
《个人信息保护法》
处罚原则
无明确约定
违法行为及处罚规则
违反本法规定处理个人信息，或处理个人信息未履行本法规定的个人信息保护义务
一般情节
企业
由履行个人信息保护职责的部门责令改正，给予警告，没收违法所得
对违法处理个人信息的应用程序，责令暂停或者终止提供服务
拒不改正的，并处1000万元以下罚款
直接负责人
处1万元以上10万元以下罚款
情节严重
企业
由省级以上履行个人信息保护职责的部门责令改正，没收违法所得，并处5000万元以下或上一年度营业额的5%以下罚款
可以责令暂停相关业务或停业整顿、通报有关主管部门吊销相关业务许可证或吊销营业执照
直接负责人
处10万以上100万元以下罚款
可以决定禁止其在一定期限内担任相关企业的董事、监事、高级管理人员和个人信息保护负责人
GDPR
处罚原则
有效性、相称性、劝阻性
违规行为及处罚规则
一般违规行为
违反GDPR规定的控制者及处理者的义务
罚款最高1000万欧元或该公司在上一财政年度的全球营业额的2%（以较高者为准）
严重违规行为
违反了基本的数据处理原则（包含同意的条件）
侵犯数据主体权利
将个人数据传输给第三国或国际组织的接收者
不遵守来自监管机构的命令或对处理及中止数据流动的临时或最终限定
罚款最高2000万欧元或该公司在上一财政年度的全球营业额的4%（以较高者为准）
对于同一或关联处理操作，行政罚款总额不得超过最严重违规所规定的数额

图42　罚则对比图

由图 42 我们可以分析得出以下结论：

（1）《个人信息保护法》与 GDPR 均实行两级处罚制，并针对个人信息处理者的严重违规行为规定了与上一财年“营业额”相关的处罚规则，其处罚之严厉足以引起每一位个人信息处理者的关注；但《个人信息保护法》对于处罚措施的区分维度在于情节严重与否，对违法行为本身并未作细致区分；而 GDPR 则是从违法行为本身入手，以行为危害性作为区分标准，最大特点是将违反个人信息保护的基本原则单设处罚较高的一档，这在执法实践中可以大幅提高准确性。

（2）相较于 GDPR，《个人信息保护法》大幅提高了罚款上限金额和个人信息处理的违法成本；并且我国处罚实行的是“双罚制”规则，除了处罚企业外，相关负责人也将面临个人罚款及“行业禁止令”，处罚更加严厉、处罚维度也更加丰富。

（3）另外，GDPR 针对“处罚原则”作出了细致的约定，包括监管机关在每个个案中酌情需要考量的因素，以体现行政处罚与违规行为之间的“相称性”；而《个人信息保护法》仅规定了处罚措施，具体处罚原则尚未明确。对此我们可以等待有关实施细则的出台，以期明确处罚措施的具体落地。

2. 进退两难：灵工平台“流水” = 营业额？

在之前的灵工平台定义中，灵活用工行业内已发展出多种商业模式，但最常见的还是总包模式下的灵工平台。在总包模式下，用工需求方向灵工平台支付的费用中，已覆盖灵工平台应当向灵工人员支付的服务费成本，即前述服务费实际已经转嫁由用工需求方承担，类似于传统行业“来料加工”下的“成本加成法”的定价模式。

在总包模式下，法律上定性为承揽法律关系，灵工平台的“流水”与营业额之间画等号。一旦灵工平台发生违法处理个人信息的行为，在情节严重的情况下将有可能触发高额罚金。

但一旦灵工平台未坐实业务实质，与用工需求方及灵工人员之间不存在真实的业务联系，对于支付给灵工人员的服务费不享有实质意义上的定价权的情况下,该部分收入应当根据会计准则采用净额法确认收入。这意味着灵工平台的营业额将远远小于平台“流水”。但同时,这将引发税务上的连锁反应:灵工平台依据服务费总额向用工需求方开具的增值税专用发票,可能面临涉嫌虚开的法律风险。

这似乎导致了一个“进退两难”的局面:

如果进一步:平台“流水”=营业额,那么在处理个人信息方面的违约成本将大大提升,这就需要灵工平台做好个人信息安全的强防守。

如果退一步:平台“流水”≠营业额,虽然在处理个人信息方面的违约成本可能降低(毕竟最高处罚额除上一年度营业额的5%外亦存在“5000万元”的固定上限额),但又将面临虚开发票的法律风险。

但实际上,这是一个“伪命题”。

对于灵工平台而言,在总包模式下并无第二条路可选,只能选择坐实业务真实性链路,而避免承担高额罚金的破解之道,即为践行《个人信息保护法》规定的个人信息处理者所应承担的义务,做好个人信息安全合规保护。

如果平台想打造整体品牌形象,在行“自营”之名时,亦需要坐实“自营”之实,对应承担商家/服务商对其销售的商品/提供的服务所应承担的法律责任。

如果平台想打造健康的交易生态,则应谨守平台本职,不过多地介入交易实质。这意味着构建灵工生态的开放平台,需要更多地关注平台参与方在平台中的功能、角色、责任和义务,构建起立体防护体系。其中一个“自测”的方式,就看平台完成的交易,交付物的风险责任承担,这一“测试”点,也是众多监管机构在看待平台角色,以及收入属性时的关键把握点。

这一启示在其他互联网平台同样适用。

第三部分

高阶合规方案

第七章　ISO 37301 如何为灵工平台刑事合规赋能

前文讲述了灵工平台因甲方业务属性和自身商业模式,所对应可能产生的刑事责任风险。本部分将从灵工平台的主要刑事责任入手,将涉税刑事责任等相关责任作一些基本梳理,然后从 ISO 37301 如何为灵工平台的刑事合规赋能角度,分析其独特的对应性价值。

一、灵工平台刑事风险"大拼盘"

灵活用工行业的发展已从"野蛮生长期"逐步进入"合规监管期",由于其行业固有的股权结构分散、灵工平台模式多样、税法方案综合复杂、个人信息合规及数据安全问题突出、监管部门多头等特征,也就必然导致灵工平台的发展伴随着"高刑事风险"。

总结我们经办的多起灵工平台刑事法律服务相关典型案例,其核心刑事责任风险主要有四类:逃税罪、虚开增值税专用发票罪、商业贿赂罪及侵犯公民个人信息罪。就灵工平台刑事风险,我们将于下文一一解析。

(一)逃税罪

以 2022 年某头部主播被杭州市税务局依法追缴税款、加收滞纳金及罚款总计 13.41 亿元的重大税务违规案件为代表,近年来,各监管部门频频重拳整治文娱从业领域的税务违规事件,"目光所及"不仅包括明星、网红、主播达人、MCN 机构、直播平台,更涵盖为其提供涉税服务的中介机构与灵工平台。

针对灵工平台而言,其总包 MCN 机构或直播平台的直播服务后,向 C 端达人进行众包的过程中,核心涉税风险在于其为 C 端达人提供的完税解决方案。实践中,不乏存在合规意识薄弱的灵工平台,利用当地税务的核定征收政策,将 C 端达人收入作为经营所得并通过核定低税率进行完税的情形,若 C 端达人收入性质实质为劳务报酬所得,则存在构成逃税罪的风险。

这时候,就有人说,逃税罪已经确立"行政前置",灵工平台首犯肯定不会入刑。事实真的是这样吗?其实不然!持该观点的人,只知其一,不知其二。

其一,逃税罪确已建立"行政前置"。2021 年 5 月 19 日,最高人民法院发布《人民法院充分发挥审判职能作用保护产权和企业家合法权益典型案例(第三批)》第二号案例,明确说明未经行政处置程序而直接追究企业及个人的刑事责任,不符合《刑法修正案(七)》的相关规定。即以典型案例的形式明确了税务机关行政处置是逃税罪的前置程序。

其二,行政前置有两个例外。对象例外(扣缴义务人的逃税行为无需经行政前置)及但书例外("但是,5 年内因逃避缴纳税款受过刑事处罚或者被税务机关给予二次以上行政处罚的除外")。后者容易理解,而前者"对象例外",则是每个灵工平台都应该警醒之处。若 C 端达人收入定性实质为劳务报酬所得,且存在逃税行为的,则作为与 C 端达人建立合作并支付服务费的灵工平台将对应构成扣缴义务人,从而当然排除了逃税罪行政前置的适用,将直接面临逃税罪的刑事处罚。

(二)虚开增值税专用发票罪

在灵活用工总包模式下,一旦存在 C 端资金回流等业务不真实情形,造成国家税款损失的,灵工平台将涉嫌虚开增值税专用发票罪(虚开情形包含为他人虚开、为自己虚开、让他人为自己虚开、介绍他人虚开行为。为免疑义,因虚开发票罪认定难点较少,本书暂未纳入),而构成该罪无须任何"行政前置"。

此外,为降低税赋成本,部分企业会将收入较高的员工工资或股东分红以伪造业务需求的形式通过灵工平台结算。而由于灵工平台对此种拆分工资或分红款行为缺乏行之有效的防控手段,一旦 B 端企业因拆分工资或分红款暴雷，灵工平台对该B端企业开具的增值税专用发票真实性即存疑，具有构成虚开增值税专用发票的风险（详见本书第六章之“灵工平台‘拆分工资’业务形态的法律风险”部分的相关内容）。

（三）商业贿赂罪

为了打单、成交，直接向客户的KP（Key Person，如财务、人事、法务、采购负责人等）进行现金返利；为了税源地的业务开展，多方打点相关资源方、“地头蛇”，已成为灵活用工行业“心照不宣”的“市场潜规则”。灵工平台由此接到了客户，KP/资源方等也能收到好处，看似“双赢”的局面，却暗藏“杀机”。一不留神，灵工平台可能已经触及法律上的“商业贿赂”，让自身踏入了“高涉刑风险”的领域（对非国家工作人员行贿罪、单位行贿罪或对有影响力的人行贿罪等），而一旦被认定为构成犯罪，灵工平台自身，以及包括实际控制人、部门总监等在内的主管人员及直接责任人员，都将被依法追究刑事责任。

（四）侵犯公民个人信息罪

基于其运营模式，灵活用工领域中最核心的价值纽带是灵工平台在B端企业和C端灵工人员主体之间构建桥梁，完成匹配以及相关的服务收入结算和报税等系列服务。因此，灵工平台作为数据的集合平台，会收集大量个人信息（包括灵工人员的身份证号、身份证照片、人脸识别信息等敏感个人信息），并存在将采集的个人信息在灵工平台集团内共享，与业务需求方、第三方服务商或政府部门共享等情形。

若灵工平台未就该等数据处理规则向灵工人员说明并获得灵工人员的同意，或虽已获得灵工人员同意但在实际共享过程中未遵照规则进行共享的，将会埋下数据安全的隐患，亦涉嫌侵犯公民个人信息罪。

（五）结语

除上述灵工平台常见的刑事风险外，因上游B端企业涉传、涉赌等违法违规行为导致灵工平台涉嫌组织、领导传销活动罪（详见本书第六章之“社交电商与灵工平台的合作风险及合规建议”部分的相关内容），导致灵工平台账户被冻结（详见本书第六章之“灵工平台账户冻结常见情形及应对要点”部分的相关内容），或导致灵工平台被认定为涉嫌赌博及构成开设赌场罪的共犯等风险概率亦居高不下。

而利好的是，为“防止不当办一个案件，垮掉一个企业”，我国涉案企业合规改革试点，经过两年的积极尝试，已于2022年4月2日正式“官宣”并在全国全面推开。这将为深陷涉税刑事风险困境的灵工平台提供“最后的机会”，通过合规整改，获得不起诉的机会，从而挽救企业，规范行业的法治化经营。我们将在下文评析涉案企业合规整改的核心重点，并探讨以ISO 37301为代表的企业事前刑事合规体系构建对于灵工平台整体刑事风险应对的积极作用。

二、灵工平台的“救命稻草”——合规不起诉制度

在上文中，我们分析了灵工平台的刑事责任风险。灵工平台一旦面临刑事犯罪，涉案企业合规整改将是其最后一根“救命稻草”，能够让涉刑的灵工平台看到起死回生的希望。然而，并不是所有的案件都能适用涉案企业合规整改，并且事后进行的涉案企业合规整改往往也是时间紧、任务重，可能仓促之间难以满足检察机关的评估要求。因此，我们建议，企业可以“未雨绸缪”，借助ISO 37301合规管理体系，事前建立刑事合规体系制度。

（一）案例解析：合规不起诉案例

我们以灵工平台最易涉及的虚开增值税专用发票罪为例，就典型合规不起诉案例摘录重点如下：

1. 案例一：张家港保税区A国际贸易有限公司虚开增值税专用发票案。

案号：江苏省张家港市人民检察院不起诉决定书（张检四部刑不诉〔2021〕Z200号）

简要案情:张家港保税区A国际贸易有限公司(以下简称A公司)在没有真实运输往来的情况下,以支付开票费的方式接受虚开的增值税专用发票共计387份,价税合计23,167,930元,税款合计2,238,479.98元。

不起诉理由:本院认为,被不起诉单位A公司实施了《刑法》第205条第1款、第2款、第3款规定的行为,但犯罪情节较轻,具有认罪认罚、补缴税款、立功情节,且案发以后立即采取有效措施进行整改,主动申请开展企业刑事合规监督考察,并经评估合格。根据《刑法》第37条的规定,不需要判处刑罚。依据《刑事诉讼法》第15条、第177条第2款的规定,决定对A公司不起诉。

2.案例二:苏州A电子科技有限公司虚开增值税专用发票案。

案号:苏州市姑苏区人民检察院不起诉决定书(姑检刑不诉〔2020〕131号)

简要案情:苏州A电子科技有限公司在没有真实购销业务的情况下,由公司实际经营人通过他人介绍,从南京B商贸有限公司为自己虚开增值税专用发票共计9份,价税合计金额达831,925元人民币,其中税款达120,877.99元人民币。

不起诉理由:本院认为,被不起诉单位苏州A电子科技有限公司实施了《刑法》第205条规定的行为,但犯罪情节轻微,案发后在限期内积极整改完善相关制度,建立了刑事合规程序体系,经第三方评估达到刑事合规标准,且具有自首、认罪认罚、补缴全部税款等情节,根据《刑法》第37条、第67条第1款的规定,不需要判处刑罚。依据《刑事诉讼法》第177条第2款的规定,决定对苏州A电子科技有限公司不起诉。

(二)合规不起诉制度是什么?

2021年6月3日,最高人民检察院、司法部、财政部、生态环境部、国务院国有资产监督管理委员会、国家税务总局、国家市场监督管理总局、全国工商联、中国国际贸易促进委员会研究制定并印发了《关于建立涉案企业合规第三方监督评估机制的指导意见(试行)》,推进企业合规改革试点工作中建立健全涉案企业合规第三方监督评估机制(以下简称第三方机制)。其中规定"人民检察院在办理涉企犯罪案件过程中,应当将第三方组织合规考察书面报告、涉案企业合规计划、定期书面报告等合规材料,作为依法作出批准或者不批准逮捕、起诉或者不起诉以及是否变更强制措施等决定,提出量刑建议或者检察建议、检察意见的重要参考……"

2022 年 4 月 2 日,最高人民检察院会同全国工商联召开会议正式宣布——涉案企业合规改革试点在全国检察机关全面推开。截至 2023 年 9 月,全国检察机关累计办理涉案企业合规案件 7815 件,其中适用第三方监督评估机制案件 5527 件,对整改合规的 2898 家企业、6102 人依法作出不起诉决定。

简言之,企业合规不起诉,是指检察机关对于那些涉嫌实施犯罪并作出认罪认罚的涉案企业,在其承诺或者实施有效合规管理体系的前提下,对其作出不起诉决定的制度①。合规不起诉的初衷,是检察机关通过对涉案企业合规建设的督导,帮助企业正常发展,避免未来的刑事法律风险。如今第三方机制的引入,为"合规不起诉"中的监督考察环节带来了科学而透明的工作机制,进一步杜绝了以企业合规作为幌子而避免刑事处罚的不当适用。

(三)合规不起诉谁能做? 如何做?

涉案企业要想适用合规不起诉制度,需要满足以下条件:

一是案件类型。适用于公司、企业等市场主体在生产经营活动中涉及的经济犯罪、职务犯罪等案件。

二是对涉案企业要求。涉案企业需要同时满足以下条件:(1)认罪认罚;(2)能够正常生产经营,承诺建立或者完善企业合规制度,具备启动第三方机制的基本条件;(3)自愿适用第三方机制。

三是检察院审查启动。检察院主动审查,与企业申请适用、检察院被动受理审查相结合,检察院审查认为符合适用条件的,可以商请本地区第三方机制管委会启动。

---

① 陈瑞华:《企业合规基本理论》,法律出版社 2022 年版,第 368 页。

合规不起诉制度的具体流程如图 43 所示：

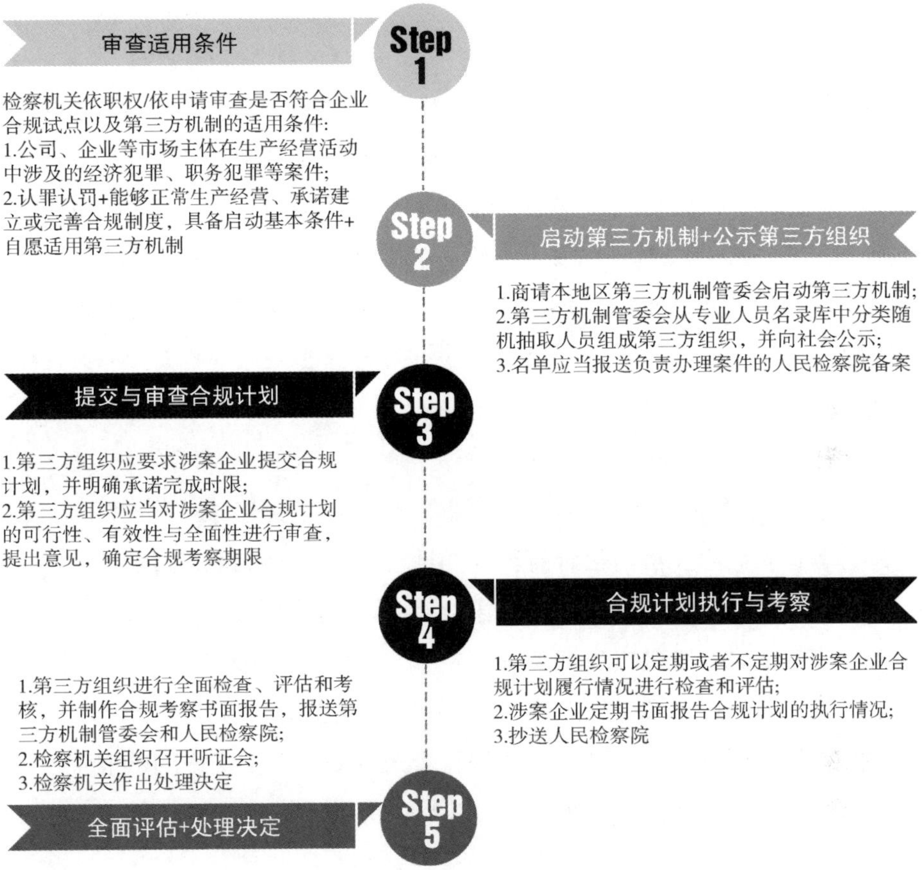

图 43　合规不起诉制度的具体流程

在合规不起诉流程中，合规计划执行与考察为核心环节，其中：

1. 合规考察期如何确定。

根据《关于建立涉案企业合规第三方监督评估机制的指导意见（试行）》的规定，合规考察期由第三方组织[①]基于其对涉案企业合规计划的可行性、有效性与全面性进行的审查，根据案件具体情况和涉案企业承诺履行的期限予以确

---

① 指由第三方监督评估机制管理委员会选任组成的第三方监督评估组织。

定。实践中,各地检察机关根据各自适用的政策文件,合规考察期少则1~3个月,多则6个月以上。

2. 合规考察什么内容。

根据《涉案企业合规建设、评估和审查办法(试行)》的规定,合规考察期内,涉案企业须能满足以下几个方面:(1)对涉案合规风险的有效识别、控制;(2)对违规违法行为的及时处置;(3)合规管理机构或者管理人员的合理配置;(4)合规管理制度机制建立以及人力物力的充分保障;(5)监测、举报、调查、处理机制及合规绩效评价机制的正常运行;(6)持续整改机制和合规文化已经基本形成。

(四)结语

"宁未雨而绸缪,勿临渴而掘井。"最高人民检察院积极推行合规不起诉制度,助力营造安商惠企法治化营商环境,但经过上述分析,我们发现涉案企业在合规考察时间紧、任务重,可能仓促之间难以满足检察机关的评估要求。

我们建议,灵工平台应当把功夫下在事前,通过ISO 37301建立刑事合规体系,既能保障企业日常合规运营,又可在事后触犯刑事红线时,有效向检察机关等争取合规不起诉制度适用、高效执行合规计划。在下文中,我们将具体分析ISO 37301认证对灵工平台的价值,以及应当如何贯标ISO 37301。

三、灵工平台如何借助ISO 37301建设事前刑事合规体系

在上文中,我们分析了灵工平台核心刑事责任风险主要有四类:逃税罪、虚开增值税专用发票罪、商业贿赂罪及侵犯公民个人信息罪,并建议灵工平台抓住"合规不起诉"这一"救命稻草",借助ISO 37301合规管理体系,事前建立刑事合规体系制度。笔者将结合实践项目案例,分析ISO 37301认证对灵工平台的行业价值,并将其切实落实到日常合规管理体系中。

(一)ISO 37301 认证简介

ISO 37301:2021 全称《合规管理体系 要求及使用指南》,是为满足企业搭建适配企业实际情况并符合国际水准的合规管理体系的需求,以 ISO 为代表的多边组织积极推进合规管理体系认证标准落地,在全球范围开展企业合规管理体系认证。由 ISO/TC309 技术委员会编制,由 ISO 组织于 2021 年 4 月发布和实施,适用于全球任何类型、规模、性质和行业的组织。

ISO 37301 采用 Plan(计划)—Do(实施)—Check(检查)—Act(改进)(PDCA)理念,完整覆盖了合规管理体系建立、运行、保持和改进的全流程,基于合规治理原则,为企业建立并运行合规管理体系、传播积极的合规文化提供了整套解决方案。

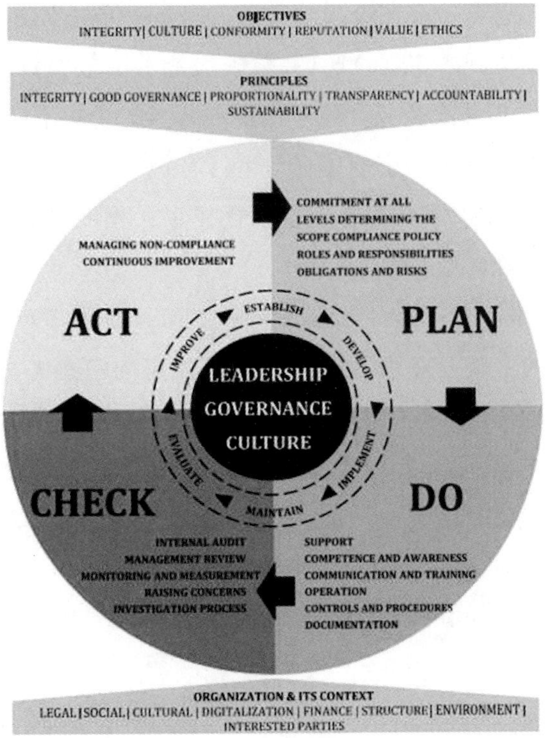

图 44 ISO 37301 中 PDCA 理念图

2022 年 10 月 12 日，国内标准 GB/T 35770—2022《合规管理体系 要求及使用指南》（以下简称 GB 35770）正式实施，该标准等同采用 ISO 37301，部分认证机构提供“一考双证”服务，即通过一次认证，同时取得国际、国内两张认证证书。

（二）ISO 37301 对灵工行业的价值

灵工平台除面临高刑事合规风险外，还会随着企业的发展壮大而面临所有权和经营权相分离、集团内部各主体间风险穿透等问题，而 ISO 37301 恰好可解决上述难题：

1. 事前的刑事合规体系建设。

以 ISO 37301 体系认证为工具，进行事前的刑事合规体系建设。即便其事前合规体系构建与运营中存在疏漏导致面临刑事犯罪处罚的风险，也能够有效地向检察机关证明主观的合规意愿，并且事后能够高效执行合规整改，更容易满足“合规不起诉”中涉案企业合规评估要求，达到“合规不起诉”的目的。

我们发现，ISO 37301 为企业建立与运行合规管理体系提供了整套解决方案，其与合规不起诉中涉案企业合规整改存在很大程度上的对应关系，将有利于企业事前构建合规计划。

并且，相较于事前合规建设空白的企业，建立事前刑事合规体系的企业，明显具有更为强烈的主观合规意愿，能在一定程度上向检察机关证明其对刑事合规的重视以及进行合规整改的决心。同时，由于合规考察期时间有限，已采取事前合规举措的涉案企业，具有高效执行合规计划的基础条件，可基于其事前刑事合规体系，快速“查漏补缺”，大大提升合规建设的效率与质量，更容易满足涉案企业合规评估要求，通过合规审查。

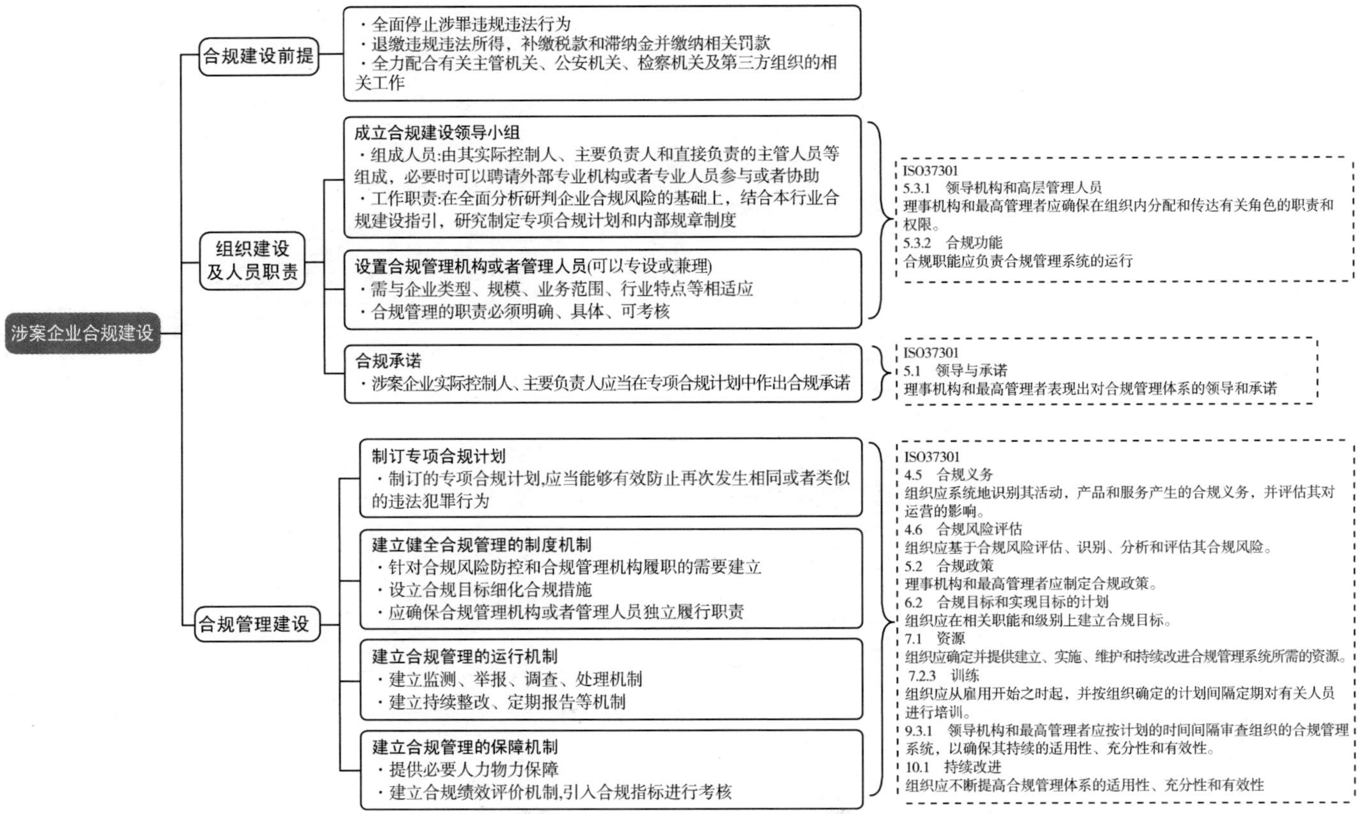

图45　ISO37301控制点与涉案企业合规整改对应关系图

2. 所有者的监督、管理者的免责。

通过 ISO 37301 建立的合规决策制度，梳理、固化相关人员的决策权限，既能够避免管理者“一言堂”的决策方式，使得所有者能够对其决策行为进行监管；同时也能够降低管理者因其管理决策行为而承担刑事责任的风险，即便后续灵工平台存在疏漏导致面临刑事犯罪的风险，亦有证据证明其并非“直接负责的主管人员”，降低管理者自身受到刑事处罚的风险。

3. 集团内部风险隔离。

通过 ISO 37301 建立的合规决策制度，梳理、固化集团整体的决策权限，改变既往灵工平台多主体决策权限穿透的弊端，在某一税源地出现风险事件时，即成为“弃子”，不影响其他税源地或其他主体业务展开，从而有效地进行集团内部的风险隔离。

（三）灵工平台如何贯标 ISO 37301

ISO 37301 的认证阶段，一般分为固化认证范围阶段、咨询阶段与认证阶段。

1. 固化认证范围阶段。

在本阶段，需要灵工平台与咨询机构、认证机构细化并确认认证范围，包括主体、场所、业务范围、合规范畴等。ISO 37301 认证范围类别有很多，一般会因审核认证机构的不同而略有差异，主要包括产品责任、环境保护、数据安全与个人信息保护、公司治理、财税合规、知识产权等领域。

针对灵工平台的核心刑事风险，我们一般会建议灵工平台选取财税合规、公司治理、数据安全与个人信息保护三个认证范围领域，以对应灵工平台高发的逃税罪、虚开增值税专用发票罪、商业贿赂罪（纳入公司治理体系范围）及侵犯公民个人信息罪等刑事责任。

2. 咨询阶段。

ISO 3730 体系的咨询阶段，相当于考前辅导工作，这部分需找专业的律师事务所等专业咨询机构，结合灵工平台的行业固有风险与 ISO 37301 审核认证要求，将行业风控点与审核认证点融会贯通，纳入灵工平台日常经营中。

一般而言，律师事务所等咨询机构，会首先进行差距分析，即参照 ISO 37301 标准与刑事合规要求，对灵工平台业务管理现状进行调研与差距分析，明确违规点；之后便组织项目成员参与风险评估培训，确保掌握风险评估方法论，识别并管控主要风险至可接受水平；咨询阶段的最终，咨询机构会基于前两阶段的结果，明确合规管理体系架构，并结合试运行情况进行系统评价与改进。

3. 认证阶段。

认证阶段即为 ISO 37301 审核认证机构对灵工平台进行的大考，一般分为文件审核与现场审核两阶段。在文件审核中，审核认证机构会再次确认本次审核范围、审核体系文件、合规性文件审计等；在现场审核中，审核认证机构会收集与认证准则相关的证据，通过与审核范围内各个部门员工的沟通/演示操作等方法，评价体系运作过程中的有效性。

文件审核与现场审核阶段皆会提出审核发现的不符合项，灵工平台将不符合项整改完毕后，由审核认证机构向认监委注册、报备 ISO 37301 证书，审核结论上传认监委。

（四）小结

灵工行业现已步入合规监管期，通过 ISO 37301 认证进行灵工平台的合规体系建设，不仅有利于解决灵工平台所有权与经营权相分离、集团内部风险穿透等问题，又可在事后触犯刑事红线时，有效向检察机关争取一线生机。

第八章　灵工平台数据合规解决方案

一、灵工平台的数据合规路径与解法

本书第六章第五部分，在灵工平台侧存在的合规风险中，我们梳理了灵工平台生命周期中数据合规的主要问题，本章我们就灵活用工平台在数据收集、传输、存储、使用、共享、删除等环节面临的主要数据合规问题，明确如何抓住最重要的问题点，达到事半功倍效果。

评估是合规的起点，之所以在灵工的特定领域应用场景中重申评估的重要性，正是因为评估对于加强个人信息主体权益保护、在发生个人信息安全事件时企业“自证清白”所具有的显著价值。

隐私政策是数据处理的门户和入口。充分重视和利用好隐私政策，并将隐私政策中展现和承诺的数据处理规则在系统中逐一匹配，是合规的重要抓手。

（一）灵活用工平台数据合规路径与解法一——关键环节：开展个人信息保护影响评估

开展个人信息保护影响评估是建立数据合规体系的关键环节。根据《个人信息保护法》，个人信息处理者应当对下列个人信息处理活动在事前进行风险评估，并对处理情况进行记录：(1)处理敏感个人信息；(2)利用个人信息进行自动化决策；(3)委托处理个人信息、向第三方提供个人信息、公开个人信息；(4)向境外提供个人信息；(5)其他对个人权益有重大影响的个人信息处理活动。

从《个人信息保护法》的规定可以看出，对于灵活用工平台而言，定期开展个人信息保护影响评估是必要且重要的，尤其是灵工平台因业务的不断升级，对个人信息应用场景亦在不断延展，更需要重视并发挥个人信息保护影响评估的重要作用。

一方面，开展个人信息保护影响评估可以规范灵活用工平台日常经营活动，及时识别风险及保护措施的漏洞，减少管理及合规成本；同时个人信息保护影响评估报告可以帮助灵工人员了解其个人信息将如何被处置及保护，保障其对于个人信息的知情权，避免针对其个人信息进行的高风险数据处理行为。

另一方面，个人信息保护影响评估在灵活用工平台被有关主管部门事后监管和调查过程中也发挥着重要的参考作用，甚至会将其作为处罚幅度决定的裁量要素。

灵工平台在选择个人信息保护影响评估产品时，需要关注评估产品出具的检测清单中，是否有针对平台收集数据时基于其提供的业务场景而遵循了最小必要原则进行检测；对于儿童用户等特殊用户是否设置专门的检测路径。

同时，建议灵活用工平台委托专业的外部第三方机构进行独立且专业的评估，在购买评估服务时，重点考察其评估流程中是否包含对“平台功能描述与搜集的最小必要数据是否匹配”以及“隐私政策与系统功能是否一致”这两大问题的评估，以此判断该评估服务的专业性。

（二）灵活用工平台数据合规路径与解法二——重要抓手：写好、用好隐私政策

隐私政策是灵活用工平台对外展示自身数据安全及合规路径的重要抓手。从实用角度而言，不合格的隐私政策将导致灵活用工平台的 App 或微信小程序面临被下架的风险。因此，“写好”一份隐私政策的重要性不言而喻。那么究竟应该如何写好一份隐私政策？灵活用工平台应当把握以下要点：

第一，列明不同业务功能下个人信息收集使用规则。灵活用工平台应当在隐私政策中明确业务功能的具体内容、对应收集的必要个人信息范围及对应的服务以及可以自主选择提供的数据范围，使得灵工人员清楚个人信息的收集使

用规则。

第二，明确数据共享等处理规则。灵活用工平台应当在隐私政策中明确其共享个人信息的类型（尤其是敏感个人信息的类型），数据共享的目的，数据共享方的类型，数据共享方的身份和数据安全能力，可能产生的后果，等等。

第三，明确平台数据安全保护措施。灵活用工平台应当在隐私政策中列明其已采取的数据安全保护措施、其已取得的数据安全认证（如三级等保、ISO 27001 认证，等等）。

第四，明确灵工人员就其个人信息享有的权利。灵活用工平台应当在隐私政策中列明灵工人员享有的访问、更正、删除、撤回同意、获取个人信息副本等权利具体内容以及实现路径，以保护灵工人员的权利不受侵害。

需要注意的是，若灵活用工平台仅止步于此，完成“形式上的合规”，终究也只能“躲过一时”的监管。隐私政策中包括数据全生命周期的规则及制度，对外呈现的是平台对于个人信息的保护实践，如果隐私政策与系统实践不相一致，则灵活用工平台终究还是会自食恶果，承担相应数据违规风险。因此，灵活用工平台应当根据隐私政策设定的规则，及时调整系统功能并确保与之相匹配，完成“实质上的合规”。

（三）小结

对于灵活用工平台而言，解决数据合规问题的合规建议的起点在于个人信息保护影响评估，要点的把握在于隐私政策，最终建立数据安全保护体系。

若灵活用工平台能够真正落实开展个人信息保护影响评估的关键环节，有效识别专业的第三方评估机构并与之开展独立的个人信息保护影响评估工作；同时把握住隐私政策这一重要抓手，写好、用好隐私政策，使得系统功能与隐私政策相匹配，则能够建立平台数据合规的基础框架，构建起灵工平台的数据合规保护体系。

对于灵活用工平台而言，数据是其进一步发展的重要基石，当平台上合法有效留存的数据沉淀为数字资产，将有可能实现对于灵工人员个人及灵活用工平台本身的价值赋能，有助于灵活用工平台打造整个业务体系的数字闭环。因此，灵活用工平台应当重视数据安全及合规所创造的价值，依法高效运用及保护平台数据。

二、灵工平台如何打造数据合规体系——责任定位

我们在上篇中，阐述了灵活用工平台在数据生命周期中会面临的主要数据安全问题，同时建议平台可以依托隐私政策作为重要的起点和抓手来做好数据合规。在此基础上，本篇根据灵工平台自身的数据安全特性，分析数据安全合规相关的法定责任与义务，探讨如何构建灵工平台的数据安全合规体系。

（一）自查评估：灵工平台如何收集处理数据？

我们在《灵活用工平台的合规之路》一书中总结出灵工平台合规体系构建的四重奏模型理论：平台应具备解决四大问题的核心能力——人的收益问题、人的来源问题、人的管理问题与人的社会保障问题。随着灵工平台的发展，其早已不仅是一个结算平台，而且是会通过加载更多的增值服务集合招聘、管理、金融、保险服务等多种功能于一身，涉及与用工需求方（B 端企业）、自由职业者（C 端用户）、市监局、税务局等政府部门（G 端政府）、第三方服务商（S 端服务商）的数据收集与交互，相应地，收集处理的数据亦会愈加复杂。我们简要梳理灵活用工平台从功能的角度展示与数据相关的内容，列表如下：

表 11　灵活用工平台的数据处理内容表

涉及主体	C 端用户	B 端企业	G 端政府	S 端服务商
数据收集	√一般数据：如姓名、性别、年龄等 √重要数据：如身份证号、银行卡号、人脸指纹等敏感数据	√一般数据：如企业名称、社会信用代码等。 √重要数据：如税务数据、用工数据、商业秘密等	税源地政策数据等	√一般数据：如企业名称、社会信用代码等。 √重要数据：如税务数据、商业秘密等

续表

涉及主体	C 端用户	B 端企业	G 端政府	S 端服务商
数据储存	√数据储存地点 √数据储存期限 √数据去标识化 √数据分级储存			
数据使用	√自行处理使用:如出于结算、代办的目的使用。需要注意以下控制体系的建立: 数据访问控制 数据展示控制 用户画像、汇聚融合、自动化决策控制 …… √委托第三方处理:由于自身不具备数据处理能力时委托第三方处理 委托数据范围 个人信息保护影响评估 监督管理			
数据传输	√境内 一般数据传输 重要数据传输 √境外 跨境传输			
数据共享转让	√知情同意 √最小必要 √撤回同意 ……	√C 端用户基本信息、结算、接包等数据 √G 端政府政策数据 √S 端服务商服务数据	√C 端用户税务数据、工商数据、基本信息等 √B 端企业基本信息、税务、工商数据等	√C 端用户税务数据、征信数据、基本信息、用户画像等 √B 端企业基本信息、企业画像等数据
数据删除	√数据删除规则与途径 √去标识化处理			

(二)责任厘清:违背数据安全管理义务的法律责任有哪些?

根据《数据安全法》的规定,在境内开展数据收集、存储、使用等数据处理活动及其安全监管皆适用该法,如灵工平台这类集合大量数据的互联网平台企业可预见的将成为监管的重中之重。为帮助灵工平台建立数据合规意识，厘清法律责任，我们依据《数据安全法》梳理并具体展示如表12所示。

表12 灵活用工平台的数据处理违规责任表

违规内容	法律责任	处罚对象
1. 未建立数据安全管理制度 √一般数据处理者 未建立数据安全管理制度 未组织开展数据安全教育培训 未采取数据安全保障措施 √重要数据的处理者 未明确数据安全负责人和管理机构 未落实数据安全保护责任 2. 未进行风险监测、发生数据安全事件处置不当 3. 未对重要数据展开合规的风险评估，并发送合规报告	1. 一般后果： 有关主管部门责令改正，给予警告； 可以并处5万元以上50万元以下罚款； 对直接负责的主管人员和其他直接责任人员可以处1万元以上10万元以下罚款。 2. 严重后果： 拒不改正或者造成大量数据泄露等严重后果的，处50万元以上200万元以下罚款； 可以责令暂停相关业务、停业整顿、吊销相关业务许可证或者吊销营业执照； 对直接负责的主管人员和其他直接责任人员处5万元以上20万元以下罚款	√灵工平台运营企业 √灵工平台业务的直接负责的主管人员和其他责任人员
违反国家核心数据管理制度，危害国家主权、安全和发展利益	1. 由有关主管部门处200万元以上1000万元以下罚款； 2. 根据情况责令暂停相关业务、停业整顿、吊销相关业务许可证或者吊销营业执照； 3. 构成犯罪的，依法追究刑事责任	
重要数据出境违规的	1. 一般情节： 有关主管部门责令改正，给予警告； 可以并处10万元以上100万元以下罚款； 对直接负责的主管人员和其他直接责任人员可以处1万元以上10万元以下罚款。 2. 严重情节 处100万元以上1000万元以下罚款； 可以责令暂停相关业务、停业整顿、吊销相关业务许可证或者吊销营业执照； 对直接负责的主管人员和其他直接责任人员处10万元以上100万元以下罚款	

续表

违规内容	法律责任	处罚对象
未配合公安机关、国家安全机关合规合法取证	1. 有关主管部门责令改正,给予警告; 2. 并处5万元以上50万元以下罚款; 3. 对直接负责的主管人员和其他直接责任人员处1万元以上10万元以下罚款	
未经主管机关批准向外国司法或者执法机构提供数据	1. 一般后果 由有关主管部门给予警告; 可以并处10万元以上100万元以下罚款; 直接负责的主管人员和其他直接责任人员可以处1万元以上10万元以下罚款。 2. 严重后果 处100万元以上500万元以下罚款; 并可以责令暂停相关业务、停业整顿、吊销相关业务许可证或者吊销营业执照; 对直接负责的主管人员和其他直接责任人员处5万元以上50万元以下罚款	
窃取或者以其他非法方式获取数据,开展数据处理活动排除、限制竞争,或者损害个人、组织合法权益	依照有关法律、行政法规的规定处罚	
给他人造成损害的	依法承担民事责任	
构成违反治安管理行为的	依法给予治安管理处罚,构成犯罪的,依法追究刑事责任	

除《数据安全法》外,若灵工平台未能履行数据安全合规相关的法定责任与义务,亦会承担《个人信息保护法》规定的相关法律责任,在行政责任上,主管部门会对违规处理个人信息的App/小程序予以通报、整改、下架;在民事责任上,除数据主体会自行提起民事诉讼外,针对灵工平台在内的互联网企业违法违规收集个人信息和非法获取个人信息问题,最高人民检察院于2020年9月出台《关于积极稳妥拓展公益诉讼案件范围的指导意见》,明确将个人信息保护纳入检察公益诉讼领域,灵工平台或将卷入公益诉讼;在刑事责任上,灵工平台亦有可能因触犯侵犯公民个人信息罪而需承担相应的刑事责任。

(三)小结

本部分我们归纳总结灵工平台应当如何处理数据以及违背数据安全管理义务的法律责任,结合下文“灵工平台如何打造数据合规体系——风险评估与数据制度”和“灵工平台如何打造数据合规体系——责任人”,完整构建灵工平台数据合规体系。

三、灵工平台如何打造数据合规体系——风险评估与数据制度

在上文中,通过对违规内容对应的法律责任进行的梳理,可以让灵工平台及其相关责任人清晰界定自身的法律责任。在数据安全领域,面对众多监管部门的压力和更加严密的法律法规的施行,建立全流程的数据合规体系已经成为灵工平台迫在眉睫的需求。

我们通过对灵工平台的主要风险来源进行分析,认为灵工平台的数据安全核心在于个人信息安全,而构建整个灵工平台数据合规体系首先要重视个人信息保护影响评估,然后通过诸如三级等保、ISO 27001(信息安全认证体系)构建起整体的数据合规管理体系,并最终将责任落实到具体的负责人。

我们在前文中多次提及评估,不论是在拟 IPO 企业的数据合规制度建设中,还是在本章一开始的篇章中把评估作为合规起点的分析,都是在不断强调评估在数据合规中的重要价值。本篇将在具体的领域应用中,进一步全面分析评估的流程和方式。

下文将按照该逻辑展开分析,就概念定义和必要性再次提炼,并落脚于如何评估以及如何比对与选择数据维度上的认证管理体系:

(一)分析风险:个人信息保护影响评估

1. 概念界定。

根据《信息安全技术　个人信息安全规范》(GB/T 35273—2020)的定义

"个人信息安全影响评估是指针对个人信息处理活动,检验其合法合规程度,判断其对个人信息主体合法权益造成损害的各种风险,以及评估用于保护个人信息主体的各项措施有效性的过程"。

2. 必要性分析。

根据《数据安全法》第30条的规定,重要数据的处理者应当按照规定对其数据处理活动定期开展风险评估,并向有关主管部门报送风险评估报告。虽然目前"重要数据"的范围尚未厘清,但根据《个人信息保护法》第55条的规定,有下列情形之一的,个人信息处理者应当事前进行个人信息保护影响评估,并对处理情况进行记录:(1)处理敏感个人信息;(2)利用个人信息进行自动化决策;(3)委托处理个人信息、向其他个人信息处理者提供个人信息、公开个人信息;(4)向境外提供个人信息;(5)其他对个人权益有重大影响的个人信息处理活动。

可见,即使尚未出台关于"重要数据"的解释,但依据《个人信息保护法》以及相应的国家标准,对于灵工平台收集处理敏感个人信息、共享转让数据等行为亦应当进行个人信息保护影响评估。

通过评估,可以识别可能导致个人信息主体权益遭受损害的风险,并据此采用适当的个人信息安全控制措施;引导合作伙伴能够采取适当的安全控制措施;加强对员工的个人信息安全教育;最重要的是还有助于减轻、免除组织相关责任和名誉损失。

3. 如何进行评估?

在进行个人信息保护影响评估之前,要进行相应的准备工作。首先,要通过企业内部选任或聘请外部专业机构等方式组建评估团队;其次,准确界定所需评估场景,是针对个人信息收集,还是共享、转让,或是数据出境;最后,梳理平台已经采取的该场景项下的数据安全控制措施与相关法律法规具体要求的差距,如在收集某敏感个人信息的时候,是否取得了用户的单独同意,之后,灵工平台便可按照以下的流程图①,进行个人信息保护影响评估。

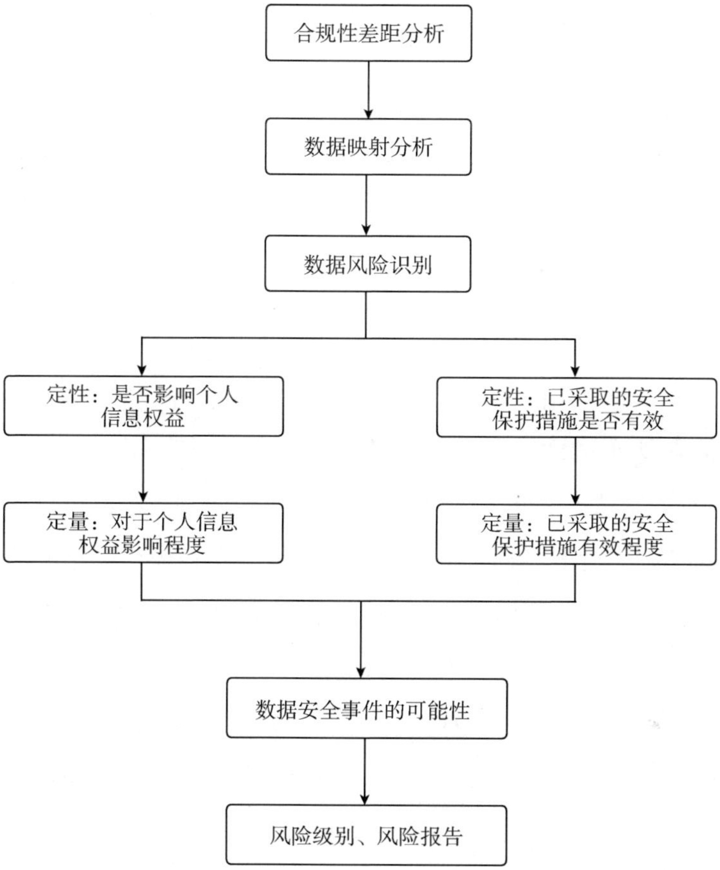

图 46　灵工平台的个人信息保护影响评估流程图

① 根据《信息安全技术　个人信息保护影响评估指南》整理。数据映射是指组织在针对个人信息处理过程进行全面的调研后,形成清晰的数据清单及数据映射图表。数据映射分析阶段需结合个人信息处理的具体场景。梳理数据映射分析的结果时,根据个人信息的类型、敏感程度、收集场景、处理方式、涉及相关方等要素,对个人信息处理活动进行分类,并描述每类个人信息处理活动的具体情形,便于后续分类进行影响分析和风险评价。

（二）制度体系：建立全流程的数据安全管理制度

1. 必要性分析：法定义务。

《数据安全法》第 27 条规定："开展数据处理活动应当依照法律、法规的规定，建立健全全流程数据安全管理制度，组织开展数据安全教育培训，采取相应的技术措施和其他必要措施，保障数据安全。"《个人信息保护法》第 51 条亦规定，个人信息处理者应当根据个人信息的处理目的、处理方式、个人信息的种类以及对个人权益的影响、可能存在的安全风险等，制定内部管理制度和操作规程确保个人信息处理活动符合法律、行政法规的规定，并防止未经授权的访问以及个人信息泄露、篡改、丢失。

从《数据安全法》第 27 条的规定分析，"应当"两字已经属于法律法规中的强制性义务，因此，对于汇集海量个人信息的灵工平台而言，应当清楚地认知，建立全流程的数据安全保护管理制度是法定义务。根据上文的表格梳理，若违反该法定义务，相应的具体法律责任和责任人十分清晰：法律责任是平台罚和个人罚并举，分一般后果和严重后果，一旦造成大量数据泄露属于严重后果，平台接受罚款的同时会被责令暂停业务、停业整顿和吊销相关许可证或吊销营业执照，而对此负责的责任人也一并被处以罚款。

因此我们建议针对该法定义务，借鉴一些最佳实践，从而为灵工平台构建数据安全合规体系。

2. 如何建立全流程数据安全管理制度？

我们从一个独特的视角来帮助大家理解构建数据合规体系的最佳实践。我们经常作为平台方的律师面对投资人的投资尽调，在数据合规方面，通常关注平台的两个资质：等级保护备案、ISO 27001 认证。我们从下文分析这两个资质的内容就能清晰看到，灵工平台如何通过这两个工具构建数据安全管理体系，建立全流程数据合规管理制度。

(1)等级保护资质。

根据《网络安全法》,我国实行网络安全等级保护制度。网络运营者应当按照网络安全等级保护制度的要求,履行安全保护义务。

根据《信息安全等级保护管理办法》(公通字〔2007〕43 号)第 7 条的规定,信息系统的安全保护等级分为以下五级:第一级,信息系统受到破坏后,会对公民、法人和其他组织的合法权益造成损害,但不损害国家安全、社会秩序和公共利益。第二级,信息系统受到破坏后,会对公民、法人和其他组织的合法权益产生严重损害,或者对社会秩序和公共利益造成损害,但不损害国家安全。第三级,信息系统受到破坏后,会对社会秩序和公共利益造成严重损害,或者对国家安全造成损害。第四级,信息系统受到破坏后,会对社会秩序和公共利益造成特别严重损害,或者对国家安全造成严重损害。第五级,信息系统受到破坏后,会对国家安全造成特别严重损害。

现在大多数的互联网平台被列为信息安全等级保护的第三级(简称三级等保)。三级等保测评内容涵盖信息保护、安全审计、通信保密等在内的近 300 项要求。三级等保在七大关键点上对网络安全进行全方位保护,包括:身份验证、访问控制、安全审计、入侵防范、恶意防范、数据的完整性、数据的保密性。

目前已经有一些比较成熟和规范的灵活用工平台取得了三级等保资质,我们相信,接下来会有更多的灵工平台关注并实践信息安全等级保护制度。通过下文"(3)'三级等保'与'ISO 27001'的比较分析"中所示的"三级等保"认证覆盖的内容和风险控制点的思维导图,帮助理解如何建立全流程数据安全管理制度。

(2)ISO 27001 信息安全管理体系认证。

信息安全管理体系(ISMS)的概念起源于英国标准协会(BSI)制定的 BS 7799 标准系列,后形成国际系列标准群。ISO 27001 即"信息安全管理实施指南"(Code of practice for Information Security Management Systems),提出了在组织内部启动、实施、保持和改进信息安全管理的指南和一般原则，包括 11 个要素，39 个控制目标和 133 种控制措施；ISO/IEC27000 族是国际标准化组织专门为 ISMS 预留的相关标准的总称，其中 ISO 27001 是“信息安全管理体系要求”（Specification for Information Security Management Systems）。

从标准的两个部分来理解：一部分 ISO 27001 是一个总的指导思想，依据是“PDCA”（PLAN、DO、CHECK、ACTION）的“戴明环”管理思想，是一个整体的信息安全管理框架，强调的是建立一个持续循环的长效管理机制；另一部分是在组织内部建立信息安全管理体系（ISMS）的一套规范，通过管理来保护组织信息的机密性、完整性和可用性，其中详细说明了建立、实施、运行、监视、评审、保持和改进信息安全管理体系的模型和要求，其最终目的是通过规范的过程，建立适合组织实际要求的信息安全管理体系。

因此，ISO 27001 认证的本质是组织通过若干管理和技术措施，形成一个以体系文档为保证的控制流程，从而保证组织业务的连续性，并可以通过国际认证机构的严格审核，获得国际信息安全认证证书。该认证框架如下文中“‘三级等保’与‘ISO 27001’认证内容及风险控制点图”所示。

（3）“三级等保”与“ISO 27001”的比较分析。

虽然从外观上看，两者都从技术和管理两个方面提出了信息安全的具体要求，但是分类标准有差异。等级保护有十个方面的要求，技术方面有：物理安全、网络安全、主机系统安全、应用安全、数据安全，管理方面有：安全管理机构、安全管理制度、人员安全管理、系统建设管理、系统运维管理，每一方面又规定了若干个小项目；而 ISO 27001 信息安全控制点分为组织控制、人员控制、物理控制、技术控制四大类，在每一大类下面又规定了若干的小项目。

上述分类差异并非两者的本质差异，我们认为，等保制度和 ISO 27001 的根本差异在于以下两点：

首先，两者的目的不同。三级等保的目的是国家安全、社会秩序和公共利益，而 ISO 27001 标准的目的是保证组织安全和利益。因此等保制度是为了构建国家整体的信息安全保障体系，而 ISO 27001 标准是为了保证组织业务的连续性，缩减业务风险，组织在风险可控前提下的收益最大化。目的差异在两者实施不同的分级标准中充分体现。

其次，两者的分级标准不同。这一点至关重要，也是理解等保制度和 ISO 27001 差异的核心。等级保护实施的前提是分级，针对不同的等级，提出了不同的安全要求；ISO 27001 标准的第一步也是风险评估，根据资产的价值和所面临的风险进行分级，然后针对不同的风险选择相应的处置措施。

虽然都是从分级入手，但是两者的分级标准不同，充分体现了各自保护的目的。等级保护的分级主要考虑四个方面的风险，即根据信息系统遭到破坏后，对国家安全、社会秩序、公共利益以及公民、法人和其他组织的合法权益所造成的影响程度大小，分为五级，因此，该分级理念的关键依据是组织外部的影响程度。而 ISO 27001 标准的分级是组织根据自己对风险的接受程度，对资产、威胁、脆弱点、影响、风险等因素之间的关系进行评估后，进行分级分类，再根据分级决定自身采取何种风险处置措施。因此，ISO 27001 标准的分级理念的关键依据是组织内部的影响程度。

由此可以看出，ISO 27001 标准的实施对于组织而言有更多的定制化特性，组织可以结合自身的行业特性、发展阶段要求、外部监管的环境变化而作出不一样的分级标准，进而选择适合自身的风险控制措施。

为了帮助灵工平台在两个认证体系中作出恰当选择或者两者并举，我们根据相关标准①将“三级等保”与“ISO 27001”认证内容及风险控制点整理如下思维导图。

---

① 《GB/T 22239—2019 信息安全技术　网络安全等级保护基本要求》《ISO/IEC 27002：2022 信息安全　网络安全　隐私保护　安全管理体系　要求》。

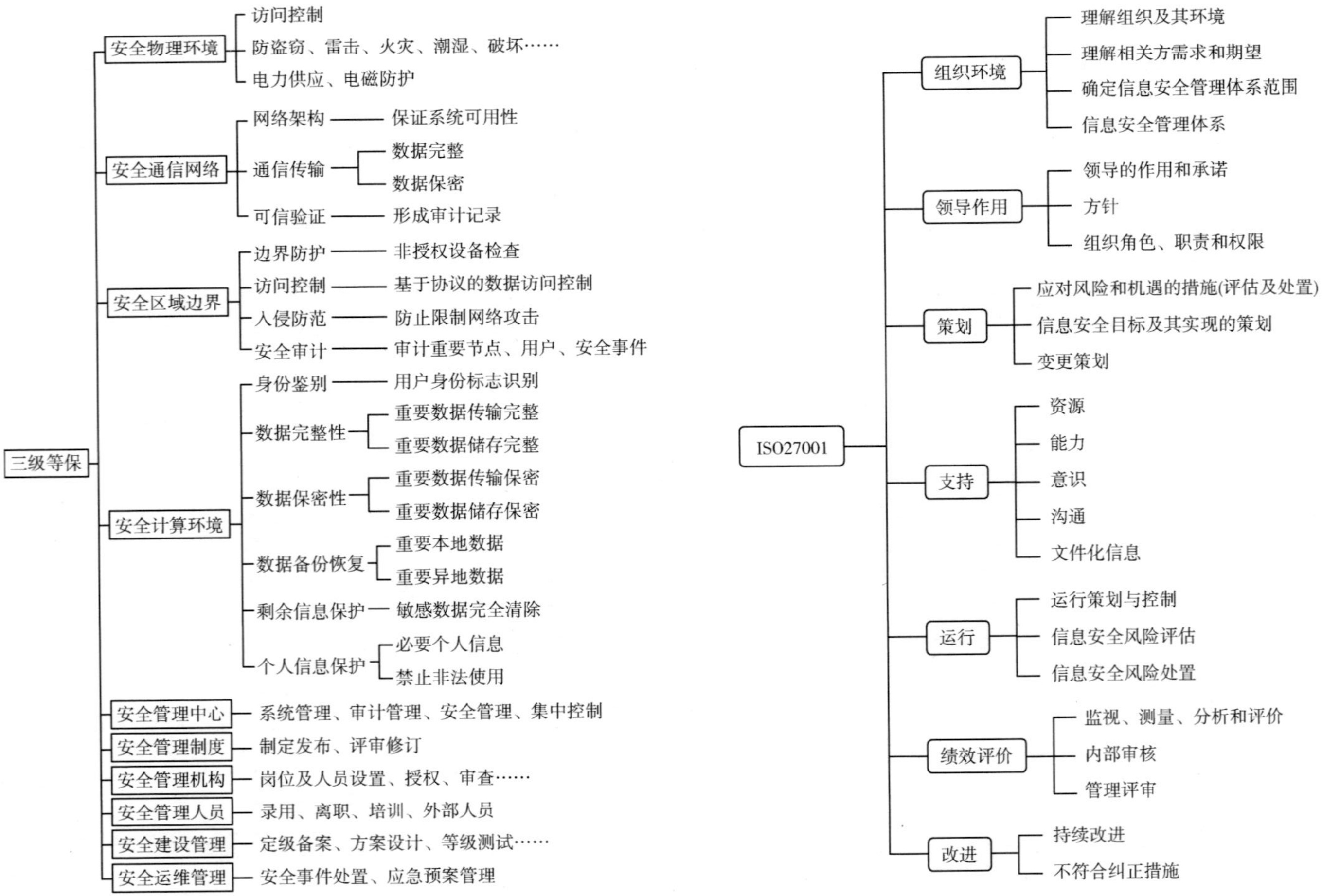

图47　“三级等保”与“ISO27001”认证内容及风险控制点图

（三）小结

灵工平台从萌芽逐渐发展成具有个体户、委托代征、临时登记等多种运营模式并举，甚至还出现了许多细分垂直领域的灵工平台，发展之迅速，有目共睹。但时至今日，仍在不少合规环节存在模糊地带，比如个体户的管辖权问题、个人经营所得和劳务报酬所得的区分问题、委托代征模式的增值税合规问题，等等。我们在感慨这一领域大有发展前景的同时，也关注到很多灵工平台在不断跨越障碍一路发展，一方面是国家政策的鼓励，另一方面是平台自身带来的市场生命力。正因如此，我们更加关注平台在不同发展阶段需要重点关注的合规问题，笔者探讨的正是基于灵工平台发展到目前阶段已经出现集合大量个人信息数据、与大量服务商对接、在集团大量关联主体之间的数据交互以及与政府界面上的大量数据传输等现状，而提出数据合规体系构建的必要性和迫切性。

我们通过一些具体实践的灵工数据合规项目，已经发现数据问题不仅仅牵涉到数据领域的合规，亦与灵工平台的系统搭建、业务真实性、真实合作关系的建立等灵工基础合规问题紧密相连。实践证明，平台通过搭建数据安全体系来整体梳理平台的合规制度，正好与灵工平台的整体合规一脉相承，在基础合规法律问题中贯穿数据合规的内容，亦在数据合规体系中呈现基础合规法律问题的解决方案，举例来说，灵工平台最关心的业务真实性问题，在打造数据合规体系过程中，对于数据的真实性就是一个重要的要素指标，因此两者是互通的。由此，我们建议灵工平台构建数据合规体系，通过责任落实到个人信息保护/数据安全负责人，来推动平台全方位合规。具体个人信息保护/数据安全负责人应当如何落实，将在下文中展开讨论。

四、灵工平台如何打造数据合规体系——责任人

上文，我们以灵工平台如何收集处理数据作为起点，通过自查评估发现风险点，并在厘清责任之后，清晰地识别出灵工平台在违反数据安全义务时要面临

的法定责任，以及平台如何通过认证体系构建起全流程的数据合规管控体系。

而所有上述体系化标准化工作的完成，最终都得依赖人，本部分我们将重点讨论在平台和人的角度，如何托起和承担数据合规的义务和责任。

（一）法定要求：专人落实数据信息的管理保护义务

通过梳理所有与数据处理者①应履行的义务相关的境内法律规范，我们整理发现，众多法律规范中有一个重要的共通点就是要求数据处理者有专人落实相关的数据信息管理与保护义务，否则需要承担罚款、停业整顿、吊销营业执照等处罚，甚至承担刑事责任等处罚，具体整理如表 13 所示：

1. 我国法规。

表 13　我国法规对专人落实数据信息管理与保护义务表

序号	内容	法律责任	来源
1	1. 设置条件： 处理个人信息达到国家网信部门规定数量的个人信息处理者应当指定个人信息保护负责人。 2. 职责范围： 负责对个人信息处理活动以及采取的保护措施等进行监督。 3. 公示义务： 个人信息处理者应当公开个人信息保护负责人的联系方式，并将个人信息保护负责人的姓名、联系方式等报送履行个人信息保护职责的部门。	1. 一般情节： 由履行个人信息保护职责的部门责令改正，给予警告，没收违法所得； 拒不改正的，并处 100 万元以下罚款；对直接负责的主管人员和其他直接责任人员处 1 万元以上 10 万元以下罚款。 2. 严重情节： 由履行个人信息保护职责的部门责令改正，没收违法所得，并处 5000 万元以下或者上一年度营业额 5% 以下罚款，并可以责令暂停相关业务、停业整顿、通报有关主管部门吊销相关业务许可证或者吊销营业执照； 对直接负责的主管人员和其他直接责任人员处 10 万元以上 100 万元以下罚款。	《个人信息保护法》第 52 条、第 66 条

① 若根据 GDPR，灵工平台可能会由于采用的不同模式被认定为数据处理者、数据控制者或共同控制者；但我国现行法律法规并未作出“数据处理者”与“数据控制者”的区分，因而根据我国法律界定，在此统一把灵工平台模糊定位为数据处理者。

续表

<table>
<tr><th>序号</th><th>内容</th><th>法律责任</th><th>来源</th></tr>
<tr><td>2</td><td>重要数据的处理者应当明确数据安全负责人和管理机构，落实数据安全保护责任</td><td>1. 一般情节：
由有关主管部门责令改正，给予警告，可以并处 5 万元以上 50 万元以下罚款，对直接负责的主管人员和其他直接责任人员可以处 1 万元以上 10 万元以下罚款；
2. 严重情节：
拒不改正或者造成大量数据泄露等严重后果的，处 50 万元以上 200 万元以下罚款，并可以责令暂停相关业务、停业整顿、吊销相关业务许可证或者吊销营业执照，对直接负责的主管人员和其他直接责任人员处 5 万元以上 20 万元以下罚款</td><td>《数据安全法》第 27 条、第 45 条</td></tr>
<tr><td>3</td><td>国家实行网络安全等级保护制度。网络运营者应当按照网络安全等级保护制度的要求，制定内部安全管理制度和操作规程，确定网络安全负责人，落实网络安全保护责任，保障网络免受干扰、破坏或者未经授权的访问，防止网络数据泄露或者被窃取、篡改</td><td>由有关主管部门责令改正，给予警告；拒不改正或者导致危害网络安全等后果的，处 1 万元以上 10 万元以下罚款，对直接负责的主管人员处 5000 元以上 5 万元以下罚款</td><td>《网络安全法》第 21 条、第 59 条</td></tr>
<tr><td>4</td><td>网络运营者应当设置专门的儿童个人信息保护规则和用户协议，并指定专人负责儿童个人信息保护</td><td rowspan="2">违反本规定的，由网信部门和其他有关部门依据职责，根据《网络安全法》《互联网信息服务管理办法》等相关法律法规规定处理；构成犯罪的，依法追究刑事责任</td><td rowspan="2">《儿童个人信息网络保护规定》第 8 条、第 15 条、第 26 条</td></tr>
<tr><td>5</td><td>网络运营者对其工作人员应当以最小授权为原则，严格设定信息访问权限，控制儿童个人信息知悉范围。工作人员访问儿童个人信息的，应当经过儿童个人信息保护负责人或者其授权的管理人员审批，记录访问情况，并采取技术措施，避免违法复制、下载儿童个人信息</td></tr>
</table>

续表

序号	内容	法律责任	来源
6	满足以下条件之一的组织，应设立专职的个人信息保护负责人和个人信息保护工作机构，负责个人信息安全工作： (1)主要业务涉及个人信息处理，且从业人员规模大于200人； (2)处理超过100万人的个人信息，或预计在12个月内处理超过100万人的个人信息； (3)处理超过10万人的个人敏感信息的	—	《信息安全技术—个人信息安全规范》(GB－T 35273—2020)第11.1条
7	运营者应当设置专门安全管理机构，并对专门安全管理机构负责人和关键岗位人员进行安全背景审查。审查时，公安机关、国家安全机关应当予以协助	由有关主管部门依据职责责令改正，给予警告；拒不改正或者导致危害网络安全等后果的，处10万元以上100万元以下罚款，对直接负责的主管人员处1万元以上10万元以下罚款	《关键信息基础设施安全保护条例》第14条、第39条

可见，为维护社会利益与公民的合法权利，保证个人信息(包括敏感个人信息、儿童个人信息)、重要数据与网络系统的安全，对于灵工平台等集成了大量信息数据的数据处理者，国家正逐步要求其在体系内构建数据与信息安全的个人责任制，以促使数据安全保护制度的高效有序运转实施。

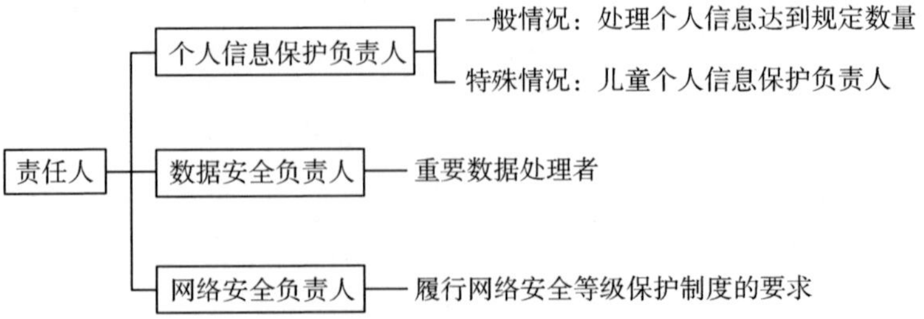

图48 各类型责任人图

2. 域外经验。

与此同时,GDPR 规定,部分企业必须设置数据保护官(DPO):如核心业务涉及对数据主体进行定期大规模、系统性的监控的企业;大规模处理敏感数据的企业。应该设置 DPO 却未设置的企业属于违规,将面临最高 1000 万欧元或企业全球年营业额 2% 的处罚(两者取高值)。

在 WP29① 出具的 *Guidelines on Data Protection Officers*(DPO's)中对于"大规模""系统性""敏感数据"都作了非常详细的解释,简要列举如下图:

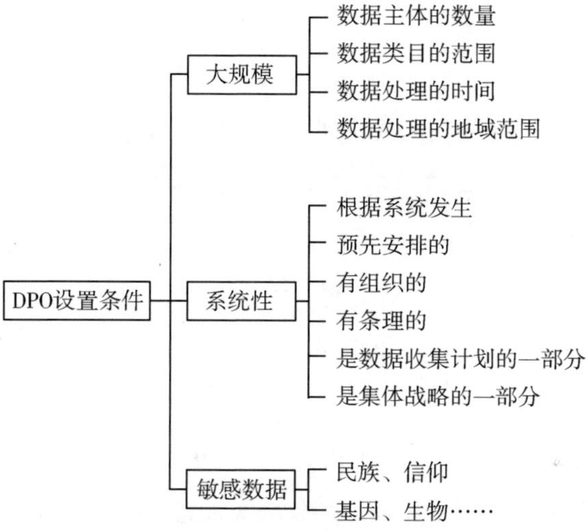

图 49 DPO 设置条件图

因此,无论是国内还是国际,监管思路均是将数据与信息管理和保护的责任落实到具体的责任人,若违反上述法律法规对于设置数据保护/个人信息保护等相关负责人的要求,等同于在一定程度上增加了数据违规的风险,可能需要承担相应的法律责任。

(二)稳步升级:灵工平台如何设置责任人?

现行的法律法规中,对于数据信息的个人责任制度的法律法规略显纷杂,

① 第 29 条数据保护工作组(The Article 29 Working Party,WP29),由所有欧盟各成员国个人信息保护机构的代表组成,于 2018 年 5 月 25 日解散。

灵工平台究竟是应当设置“个人信息保护负责人”、“数据安全负责人”还是“数据安全官(DPO)”？对于此，我们认为，应当根据灵工平台的发展阶段，结合收集处理数据的范围、体量、地域等维度，来设立不同的责任人。

1. 初级阶段：个人信息保护负责人。

根据《个人信息保护法》中提及“处理数量”这个界定标准，同时国标《信息安全技术　个人信息安全规范》(GB－T 35273—2020)第11.1款(c)中规定，满足以下条件之一的组织，应设立专职的个人信息保护负责人和个人信息保护工作机构，负责个人信息安全工作：(1)主要业务涉及个人信息处理，且从业人员规模大于200人；(2)处理超过100万人的个人信息，或预计在12个月内处理超过100万人的个人信息；(3)处理超过10万人的个人敏感信息的。

《信息安全技术　个人信息安全规范》(GB－T 35273—2020)第3.2款对个人敏感信息内涵和范围进行了更为详细的规定：将身份证件号码等个人身份信息，指纹、基因等个人生物识别信息，交易信息、银行账号在内的个人财产信息，医疗记录等健康生理信息，通信记录、聊天内容、行踪轨迹、住宿信息等内容，纳入个人敏感信息范围。

上述标准在本书中多次援引出现，一方面是因为其本身在可参照标准中相对确定，用具体数字作为衡量指标，具有可实操性；另一方面是因为其在一定程度上反映了数据合规层面的几个关注维度，包含企业达到一定规模标准和处理个人信息量和处理敏感数据量三个条件并行的综合参考价值。

对于灵工平台而言，平台交易规模的大小直接与处理个人信息量成正比，个人信息的处理是平台的基本服务内容，因此很容易触及上述三个条件，尤其是容易触及第3条处理数量达到10万人次的条件，因此个人信息保护负责人可以称为灵工平台的必备岗位。我们建议灵工平台应重点关注个人信息保护负责人的人员配备和岗位设置，严格履行个人信息保护义务。

2. 中级阶段：数据安全负责人。

虽然《数据安全法》中提及“重要数据”这个界定标准，由于实施细则尚未出台，对于“重要数据”的定义尚且模糊，但从已发布的法律法规和征求意见

稿,我们得出以下结论:

(1)"重要数据"不等同于"个人信息"。即便有些法律法规和规范性文件对于"数据"与"信息"存在混用,但从《个人信息保护法》和《数据安全法》等最上层立法来看,还是将数据、个人信息予以区分,且对其义务履行规定亦有所差异。

(2)将依据不同行业制定"数据安全目录"。根据《数据安全法》,国家建立数据分类分级保护制度,根据数据在经济社会发展中的重要程度,以及一旦遭到篡改、破坏、泄露或者非法获取、非法利用,对国家安全、公共利益或者个人、组织合法权益造成的危害程度,对数据实行分类分级保护。各地区、各部门应当按照数据分类分级保护制度,确定本地区、本部门以及相关行业、领域的重要数据具体目录,对列入目录的数据进行重点保护。

由此,当灵工平台的规模体量、商业模式足可对于"公共利益""社会保障"等方面造成影响,或垂直领域的灵工平台涉及该行业的"数据安全目录"时,则必须承担相应的社会义务,设立"数据安全负责人"。

3. 高级阶段:数据保护官(DPO)。

根据 GDPR 的规定,即使中国公司在欧洲没有分支机构,但如果其提供的产品与服务收集并处理了欧洲自然人的数据,那该公司也需要遵守 GDPR 相关规定。

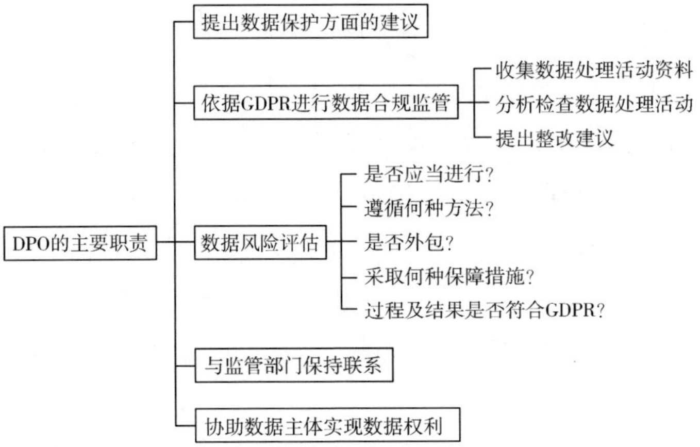

图 50　DPO 的职责图

也就是说，当灵工平台迈出国门走向世界后，将会面临更加严格的数据信息管理与保护义务，设置 DPO 也成了必备条件。

并且，灵工平台设置 DPO 职位，不仅仅是其向境外发展的合规需要，更是在境内数据监管趋严的背景下现实合规需求。DPO 实际上相当于灵工平台半独立地位的数据安全合规检查顾问。因此，鉴于目前国际上对于 DPO 的岗位/职位能力认证已经有相对成熟的国际认证体系，其要求标准较高，职责及能力要求较为明确，根据"举重以明轻"的原则，在灵工平台数据合规"责任到人"的监管背景下，我们建议即使灵工平台目前尚未有国际战略布局，亦可以借鉴该等认证的知识体系，培养自身所需的个人信息保护/数据安全负责人。

（三）具体职责：责任人的具体职责范围

虽然《数据安全法》等法律法规以及规范性法律文件中，并没有明确数据负责人应当具体履行的职责内容，但我们可以通过借鉴《信息安全技术　个人信息安全规范》（GB－T 35273－2020）、GDPR 和相应的对于数据安全官的国际认证中对于灵工数据安全负责人应履行的职责内容，具体梳理如下：

第一，全面策划实施与灵工平台相关的数据安全保护工作。包括但不限于数据安全管理制度的制定、数据保护工作计划的实施、数据安全管理团队的选任、管理权限的赋予等，对数据安全负直接责任。

第二，分析解读最新的法律法规等文件，监督灵工平台日常运营是否符合法规要求。结合灵工平台的具体数据处理场景，定期更新数据安全管理制度与工作计划，分析灵工平台可能面对的数据处理违规等风险。

第三，牵头开展灵工平台的个人信息保护影响评估，提出个人信息保护的对策建议，督促整改安全隐患。例如，灵工平台基于不同的模式会采用不同个人信息采集方式，拟采用的采集方式是否满足最小必要原则，这些都需要进行安全影响评估。

第四，积极配合主管部门监管工作。如就灵工平台的数据处理活动进行日常咨询、如期递交相关报告、配合监管部门报送所需数据和信息等。

第五，协调各方人员，避免数据安全事件。灵工平台新的功能发布前，或与新的服务商、数据处理机构合作前进行检测、尽调，避免出现数据安全事件；积极组织开展灵工平台相关工作人员的个人信息安全培训工作，增强平台内人员的数据合规意识，并不定期地进行匿名抽查。

第六，法律法规规定的其他义务。如数据储存、删除、投诉举报途径披露、数据安全事件报告等。

所以基于灵工平台的功能特性，个人信息保护/数据安全负责人将承担重要的对内对外的数据安全相关的所有与合规紧密结合的工作，责任重大。

（四）小结

平台的合规体系打造需要借助最佳实践的认证体系，通过流程构建起数据安全管理制度；人的责任落实需要明确数据安全负责人，只有人和组织的共同协作，才能真正构建起有效的数据合规体系。

我们从平台的视角出发，在前文中，已经梳理了通过借助 ISO 27001 认证和等级保护，这两个认证帮助平台有效快速地构建起整体合规管理体系。但是我们认为，平台作为一个组织，推行一个制度，通过一个认证，并不十分困难，真正的困难在于认证体系在组织中的有效实施，并得到真正实践，同时不断优化改进，而这一切的重点我们认为在于人。这就是为什么《数据安全法》特别强调，需要明确数据安全负责人。从组织行为学的角度亦证明，责任只有真正落实到人，激发善意和潜能，组织才真正有生命力。

我们从个人信息保护/数据安全负责人的法律条文解读，到具体负责人缺位下的法定责任的分析，再到负责人的具体职责的梳理，将灵工平台数据保护负责人作了全方位的分析，结论很清晰：个人信息保护/数据安全负责人将是优质灵工平台的法定标配。

第九章　灵工平台上市路径规划

一、灵活用工不同模式的风险与收益

截至目前,灵活用工行业内,总包模式的灵工平台尚未有在国内成功上市的企业。我们耳熟能详的人力资源领域的上市企业,同时在启用“灵活用工概念”,与本书中定义的灵活用工商业模式有着怎样的区别?本章将作深度解析。

我们首先来分析人瑞人才(06919)披露的2023年度中期报告,截至2023年上半年,人瑞人才收入总额约人民币20.683亿元,较2022年上半年增加约19.3%,这跟综合灵活用工服务分部下的数字技术与云服务业务收入的迅猛增长息息相关。

	截至6月30日止6個月			
	2023年		2022年	
	收入 人民幣千元	佔總收入 百分比	收入 人民幣千元	佔總收入 百分比
綜合靈活用工	2,051,202	99.2	1,695,163	97.8
專業招聘及其他人力資源解決方案	17,102	0.8	38,726	2.2
總計	2,068,304	100.0	1,733,889	100.0

图51　人瑞人才2023年度中期报告节选

由此看来,灵活用工业务的确是“助燃剂”,能够助力公司高速拓展业务规模。然而,这类上市公司的灵活用工模式,与我们在《灵活用工平台的合规之路》一书中提及的“灵活用工平台模式”(由灵活用工平台承揽用工需求方业务后众包至灵工人员具体承接)之间,却似是"同卵双生":虽看似"同卵",核心都是在前端以承接用工需求方业务为基础;却实则"双生",在后端灵工人员维度则大相径庭。

二者都称自己为"灵活用工",模式差异到底在哪里,对应的风险有哪些?对于打算从事或正在转型灵活用工业务的企业而言,又应该关注哪些要素以综合考量选择何种业务路径?

对此,我们分析了已上市公司所谓"灵活用工"业务的具体开展模式,并与灵活用工平台模式作比对分析,清晰二者之间的异同点及各自痛点,从而为灵活用工平台选择业务路径提供一些思路。

(一)雇佣型灵活用工模式分析

我们研究了国内几家上市公司的招股说明书及2021年半年度报告,发现他们口中的"灵活用工业务",主要是指:自上游承揽用工需求方的业务并向其收取服务费,同时根据业务开展需要,自行招募灵工人员并与其建立劳动关系,以具体完成业务(如图52所示,以下简称雇佣型灵活用工模式)。

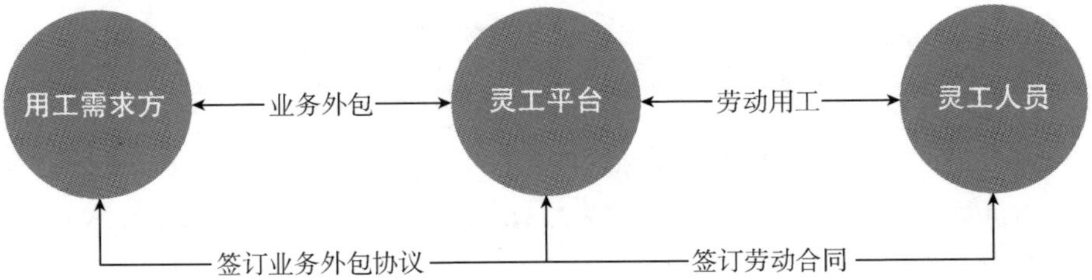

图52 雇佣型灵活用工模式图示

由于雇佣型灵活用工模式项下,灵工平台与灵工人员建立的是劳动关系,故而在用工关系与责任承担、人员管理、薪酬决定方式维度均相同或类似,但在具体收费标准上会略有区别(见表14):

1. 部分公司按业务量计算费用:在确定业务量的基础上,再按照业务量折算项目所需人员数量;

2. 部分公司则单纯按人力成本计算费用:在灵工人员薪酬、社保、公积金等人力成本之上按一定比例进行溢价(采用"成本加成法"),与传统劳务派遣下按人次收费模式类似。

表14 雇佣型灵活用工模式分析表

要点	内 容
用工关系与责任承担	与灵工人员建立劳动关系,承担灵工人员全部雇主责任
人员管理	本身参与业务进程,并在业务执行过程中,为用工需求方提供灵工人员入职前、在岗到离职的全流程管理服务
薪酬决定方式	自主决定灵工人员薪酬
收费标准	(1)按业务量计费:业务附加值高,收费较高,一般按照业务量折算项目所需人员数量,在人员成本基础上加成风险金和合理溢价进行收费; (2)按人力成本计费:按照每个灵工人员的费率计算客户服务费用,包括其薪酬、社保、公积金等人力成本以及预先设定的人力成本之外的差价(与传统劳务派遣下按人次收费模式类似)

(二)雇佣型灵活用工模式与灵活用工平台模式的异同点及风险

由上文可知,雇佣型灵活用工模式与灵活用工平台模式一样,均是从用工需求方承揽业务并收取服务费(其中在收费模式上人瑞人才与灵活用工平台模式更为接近,均采用"成本加成法"方式);但与灵活用工平台模式不同的是,雇佣型灵活用工模式均主动与灵工人员建立劳动关系,承担劳动法项下的用人单位职责,并未与灵工人员建立合作关系。

简言之,雇佣型灵活用工模式和灵活用工平台模式,就如同"同卵双生"一样:

1. 同卵,是指二者在前端均为"业务外包",且包揽后端用工,解决了用工需求方的业务承揽与用工问题;

2. 双生,则是指在业务外包的基础之上,在后端用工维度生出两条看似相似但实质不同的路径:

(1)在灵活用工平台模式下,灵工平台与灵工人员之间建立的是合作关

系,灵工平台在承接用工需求方业务后,再众包至后端灵工人员具体承接;

(2)在雇佣型灵活用工模式下,灵工平台与灵工人员建立的则是劳动关系,将后端灵工人员的用工成本及风险转移至自身。

故而,雇佣型灵活用工模式与灵活用工平台模式在法律关系、用工管理/使用及税赋成本方面各不相同(见表15):

表15 雇佣型灵活用工模式与灵活用工平台模式对比表

<table>
<tr><th colspan="2">要点</th><th>雇佣型灵活用工模式</th><th>灵活用工平台模式</th></tr>
<tr><td rowspan="2">法律关系</td><td>与用工需求方</td><td colspan="2">业务承揽关系</td></tr>
<tr><td>与灵工人员</td><td>劳动关系</td><td>合作关系</td></tr>
<tr><td colspan="2">用工管理方</td><td>灵工平台(劳动用工管理)</td><td>灵工人员(自我管理)</td></tr>
<tr><td colspan="2">用工使用方</td><td>灵工平台</td><td>用工需求方</td></tr>
<tr><td rowspan="2">税赋成本</td><td>增值税</td><td colspan="2">依据业务承揽内容确定</td></tr>
<tr><td>个人所得税</td><td>工资薪金所得,适用3%~45%累进税率</td><td>经营所得,适用5%~35%累进税率,符合条件的可进行核定征收</td></tr>
</table>

由表15可知,在雇佣型灵活用工模式项下,可能面临以下风险:

(1)雇佣灵工人员的劳动用工风险:灵工平台作为用人单位,需承担《劳动法》《劳动合同法》项下的用工管理义务,包括但不限于代扣代缴个人所得税、缴纳社保及公积金,承担用人单位侵权责任等;

(2)因用工需求方需求锐减导致其需负担灵工人员的人力成本风险:以人瑞人才为例,其就曾在2020年度年报中提出,旗下综合灵活用工业务毛利率之所以下降,即是因为新冠肺炎疫情暴发导致用工需求方的用工需求量减少,而公司管理的员工工资等固定成本支出并没有减少等所致。

而灵活用工平台模式虽然避免了雇佣型灵活用工模式项下的雇主责任风险,但也有其自身面临的难题:

(1)业务真实性未坐实,面临税务不合规风险:实践中,虽然有不少灵工平台声称系众包型灵工平台,但其平台内并未提供服务交付与验收等佐证业务真实性的环节和功能，实质系为用工需求方向灵工人员发放佣金提供结算服务，并不审核业务真实性，进而可能衍生出虚开发票、洗钱、偷逃税等触碰法律红线的重大法律风险；

（2）事实劳动用工风险：同时，在未坐实灵活用工众包的情况下，用工需求方和灵工平台虽未与灵工人员签署书面劳动合同，但也可能面临“事实劳动关系”的尴尬局面，并未能完全免除事实劳动用工风险。

（三）灵活用工模式路径如何选择？

通过前述分析可知，雇佣型灵活用工模式与灵活用工平台模式并不是一回事，且都存在其各自的痛点。

对于灵工平台而言，又该选择何种道路？

在商业模式上，目前国内主打“灵活用工”概念而上市的公司基本均定位于人力资源服务商，其所从事的新兴灵活用工服务与兼营的人才寻访与招聘、劳务派遣、培训等传统人力资源服务相互促进，能够为用工需求方提供综合性的人力资源服务，实现人力资本结构的更优化。

而采用灵活用工平台模式的灵工平台则面临商业模式定位难的困境，现有的上市行业分类中亦无与灵活用工平台模式直接匹配的行业分类，进而为其股权融资和上市增加了障碍。

对此，灵工平台需根据其自身发展战略定位合适的商业模式，搭建对应的股权结构，整合体系内的相关业务主体和资源，以符合未来上市对主营业务、收入及利润等业绩指标、业务独立性以及关联交易、同业竞争相关的限制等要求：

（1）如果在垂直的细分行业中深耕某一领域，那么成为灵活用工平台模式下对应的主营业务板块系相对可靠的上市路径选择。

（2）如果是传统人力资源公司转型，可以效仿国内已上市公司，以传统人力资源的板块维度去上市。但是，以“灵活用工平台模式”（而非已有的“雇佣型灵活用工模式”）为主要增长动力的人力资源板块能否获得上市监管机构的认可，仍拭目以待。

（3）如果是依托比较强大的信息系统服务功能，可以考虑以目前较为受投资方追捧的 SaaS 技术服务模式作为上市路径，但这个对于灵工平台服务商而言就需要有所选择，鱼和熊掌不可兼得，一方面，自有业务下的总包模式若比作运动员身份，而 SaaS 技术服务模式可比作教练，既充当教练又充当运动员身份的市场定位会存在一定冲突和竞争关系；另一方面，在法律上更为实质，即若上市主体兼有总包服务模式（不论是母公司还是子公司）和 SaaS 技术服务模式，基于合并财务报表范围内主体之间的业务抵消后所呈现的主营业务情况可能影响其所归属的行业分类定位。

（4）如果是做一个开放的信息生态平台，提供如信息撮合服务的信息发布信息展示的互联网信息服务平台，则是另一个上市路径之选，这个维度下，鱼和熊掌的问题同样面临的同时，也会凸显另一个问题，即需要强大的品牌和社会资源整合力，同时，平台的风险控制和责任界限成为难以回避的重点。

总结而言，以"同卵双生"形容雇佣型灵活用工模式与灵活用工平台模式之间的异同点，再恰当不过。二者虽都以承接用工需求方的业务为基础且包揽后端用工，但在后端灵工人员关系建立及用工管理层面却不尽相同。对此，灵工平台应首先明确自身定位，结合商业规划选择适用的灵活用工发展道路，并搭建对应的股权架构，逐步建立、优化、拓展自身的商业版图。

二、灵工平台为上市铺设"合规之路"，打破结算"魔咒"

我们第三章第一部分，总结了灵工平台遇到的合规"九重塔"，这九重塔每一重都不容易攀登，以其中灵工平台复杂的股权结构为例，因其业务发展需要，多地布局的税源地公司以及融合众多利益相关方而独具特色的复杂且分散的股权结构，已经让很多投资人望而却步，再加之业务本身自带的税法、劳动法、数据安全、个人信息保护等方面的风险因子，以及投资人对于退出路径的不确定和迷茫，让整个灵工行业的融资容易度从 2017 年至 2018 年高速发展期的相对容易发展到今天的"难于上青天"。

（一）灵工平台融资难的四大障碍

首先，我们抽丝剥茧来具体分析融资难的主要原因，以便找寻相应的合规策略。为此，我们总结以下从投资人视角下构成灵工平台融资难的四大障碍：

障碍一：业务风险过于综合，“防不胜防”。

灵工平台的业务风险来源于整个依托“收入结算”为根基的服务解决方案，对理所应当依托“业务外包”模式下的承揽法律关系构成合规挑战，由此衍生出系列法律问题。以自然人典型报税模式—个体户模式、临时税务登记模式、委托代征模式、代开发票模式等多样性为代表的风险，“配合”着落地园区作为“税源地”的稳定性欠缺，让灵工板块业务在监管机构的“疏”和“导”的双向徘徊中风险急剧增加。

所以，我们把投资人在对灵工行业企业尽调时的第一大风险归集为行业的业务风险过于综合，防不胜防，稍有不慎，或许“满盘皆输”，因此将“业务风险”视为构成投资人障碍的原因之首。

障碍二：“集团”化形态，多点开花，股权架构搭建“左右为难”。

灵工平台现阶段业务通常依托由母公司与多子公司和多关联公司（包括股权代持项下的实质关联公司）构建的名义“集团公司”架构开展，并非全盘均为真正集团化的母子公司形态。多税源地的关联业务主体形态天然存在，原因众多，有基于属地化资源的考虑，有基于客户端企业的特殊需求，亦有基于落地模式业务风险隔离的需要，因此呈现出多点布局、业务主体分散的现状，这给投资人出了一系列难题，“投哪个主体？”“怎么投？”“怎么重组？”“收益主体和投资主体分离怎么处理？”

因此，我们将“主体分散化”对投资人的不利因素归集为第二大障碍。

障碍三：多头监管，等待“靴子落地”。

基于上述两个原因，同时并行的一条监管主线是来自多方的监管约束：灵工平台作为互联网企业，面临电子商务、互联网监管法律法规政策文件等相关的一系列行业监管，它同时属于税法范畴的解决方案，落入税法监管领域，同时又触碰了劳动关系和社会保障的核心,成为人社部门的心头难,再加之平台上集聚大量的自然人敏感信息,属于《数据安全法》和《个人信息保护法》的强监管对象。

我们可以看到如此多的监管条线,对于一个相对新生的行业或领域,会构成极大的挑战,其中法律法规政策文件的模糊与不明朗,自然会让资本市场处于观望态度,像是一只等待掉下来的靴子。

因此,我们将"多头监管"和法律政策的不明晰作为投资人审慎投资的第三大障碍。

障碍四:平台商业模式"定位模糊",导致"门不当户不对"。

灵工平台在融资过程中,投资人视角下的股权架构的设置需要匹配投资人"脾胃"。所谓的"合胃口",是指在资本的道路上,投资人通常首选平台最后上市退出,但上市路径必须符合上市规则。灵工平台对自身商业模式的定位是否清晰?是否选择一种便于上市的商业模式?是否搭建匹配该种模式的股权架构?这三个"是否"的问题直接决定了未来资本上市规划道路是否畅通,也就意味着是否会受到投资人的青睐。

灵工平台在上市规划中,不同商业模式下的业务领域分类至关重要,业务的领域归类取决于业务类型的定位。灵工平台可以基于现有的上市公司行业分类模式设置划分为四种不同的业务定位,包括互联网信息服务(基于互联网平台)、信息和技术服务(基于 Saas 技术服务)、商务服务(基于人力资源服务)、业务总包(基于总包的具体业务类型设置具体业务定位)。不同的定位平台需要"适配"不同的股权结构。

总结上述融资四大障碍,从"叠加"的业务风险、"离散"的股权架构、"重仓"的部门监管,再到"多样"的商业模式的定位难度,形成了投资人在现阶段对灵工平台持续高度关注下的"望而却步"。

(二)解决之道在哪里?

灵工行业上市维度下目前仅有的被"淌过水"的路径,一条是趣活、达达及人瑞人才等，赴境外上市；另一条是在境内包裹在人力资源板块内（例如科锐国际）。除此之外，我们认为还有其他路径可供探讨和选择。这一点在障碍四的问题阐述中其实已经有所展示，在下文的解决路径中将进一步展开。

针对上述四大障碍我们分别提出的合规策略如下：

破解第一招：针对“叠加”的业务风险。

我们提出灵工平台在业务合规层面应当具备的核心要素以及五个维度构成的详细评价标准，五个维度包含“五官四阶三体二元一线”，以平台要素构筑充分的“五官”为例，包含了业务真实性、税源地稳定性、人和组织关系合规性、系统保证性、数据安全性这五个维度，加上其余 10 个控制点，共同组成 15 个控制点。若能有效“采分”，可以说基本构成了一个“360 度无死角”的健康灵工平台。

破解第二招：针对“离散”的股权架构。

在股权架构层面，灵工平台的天然风险阻却了集团的一体化建设，上述障碍板块已经总结了主要构成原因，实际情况是甚至出现不少基于落地资源特殊性的代持现象，而代持法律关系的高风险性以及不可控性是投资人眼中的塔克拉玛干沙漠。基于现状，我们的对策是可以基于三方面进行优化：一是重组方案之下，对于税源地风险可控的主体应收尽收原则；二是尽量将可控收益以技术服务的方式归集，建立避免利益输送的机制；三是不可收编的主体建议彻底“体外”安置，并确保后续无法收编，这一点十分重要。

破解第三招：针对“重仓”的监管部门。

多头监管的应对策略是协同治理，主动拥抱监管，让监管部门协助优化风控体系，比如通过社保数据查阅劳动合同关系，从共享数据的角度实现业务真实性的确保。

在协同治理的系统开发层面，可以采用两层协同治理模式，底层是基础治理面，面向普适的监管层；优化层是针对特定的监管层，包括不同维度的特定监管，以及不同地域和级别的监管要求。

破解第四招：针对“多样”的商业模式。

第四招的本质是大家最为关心的商业模式的定位，且如何将股权架构与融资上市匹配起来。

根据上文的障碍四，我们区分了灵工板块下，可以规划上市的四种商业模式。这四种模式中，以现在总包模式下的灵工平台最为典型，这种模式的本质在于总包的业务类型决定了上市归属的行业板块，比如以技术服务外包为主营业务的典型上市企业，如东软集团、浙大网新，当然从外包业务承接后是通过自雇劳动者去完成还是通过众包模式去完成业务，并不影响前端与客户之间的业务外包的法律属性，以及在上市行业板块中的划分定性；以 Saas 技术服务为主要业务的上市企业，比较典型的如淘宝的服务商体系中的光云科技和港股上市的有赞科技、微盟；以人力资源板块上市的企业，如创业板上市的科锐国际和港股上市的人瑞人才；以互联网信息服务板块上市的典型企业，如境内上市的上海钢联、国联股份。

因此，若要探讨现在以“结算”为基础服务的总包模式下的灵工平台的上市路径设计，我们比较建议的策略是先定位平台可以归属的对应行业板块：

如果在垂直的细分行业中深耕某一领域，那么成为总包服务模式下对应的主营业务板块系相对可靠的上市路径选择；

如果是依托比较强大的信息系统服务功能，可以考虑以目前较为受投资方追捧的 Saas 技术服务模式作为上市路径；

如果是做一个开放的信息生态平台，提供如信息撮合服务的信息发布、信息展示的互联网信息服务平台，则是另一个上市路径之选；

最后一个路径即以传统人力资源的板块维度去上市，但是，从灵工平台的定性分析，属于业务总包模式下的众包形态，所以对于以灵工模式为主要增长动力的人力资源板块能否获得上市监管机构的认可，仍拭目以待（详见本书第九章之“灵活用工模式路径如何选择？”部分的相关内容）。

综上分析，我们用四招分别对应去“破解”灵工平台融资难中的四个“障碍”,结合我们在互联网合规、税法合规、股权投融资和互联网平台上市等方面的综合经验,期待能给发展到一定阶段希望实现融资和正在规划资本市场道路的灵工平台,带来一些合规路径设计的启发与思路借鉴。